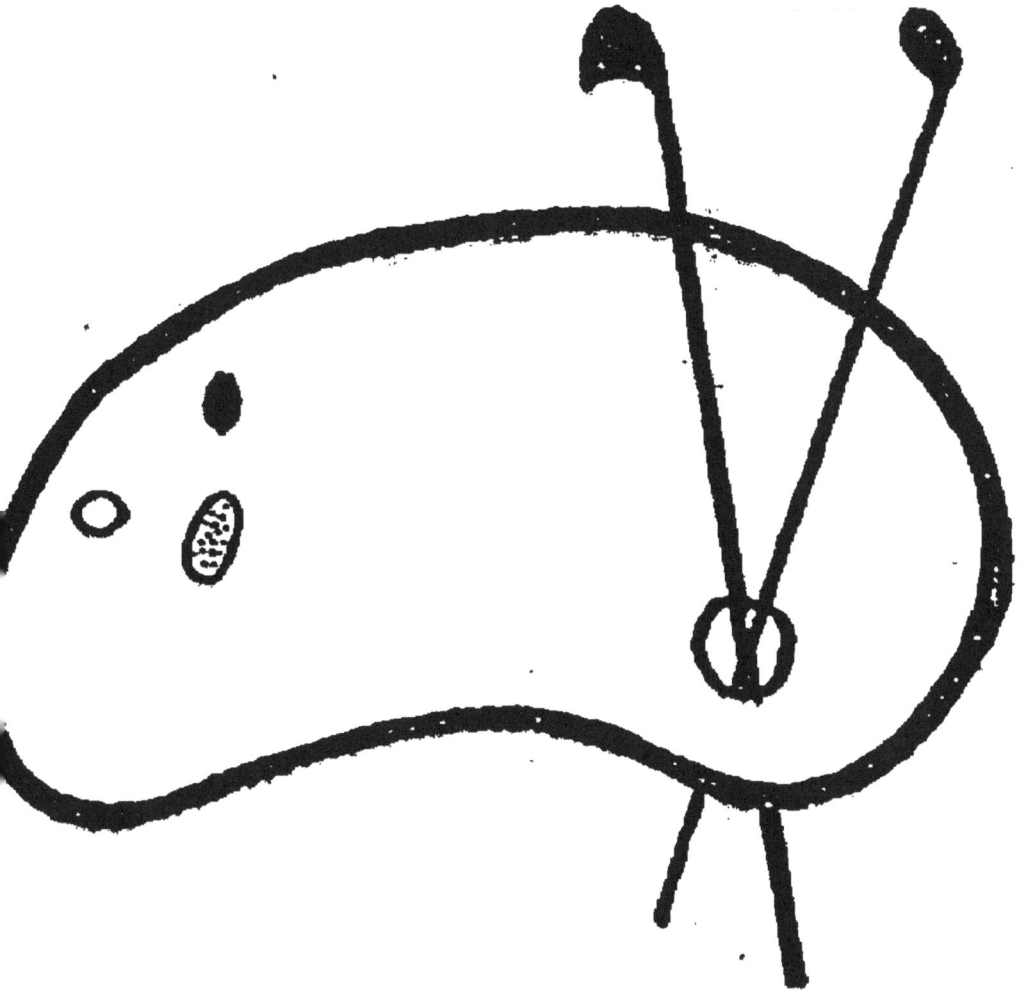

COUYERTURE SUPERIEURE ET INFERIEURE
EN COULEUR

LA
JUSTICE CRIMINELLE

ET

LE BOURREAU

A CHALONS

ET DANS QUELQUES VILLES VOISINES,

par Louis GRIGNON

> « ... C'estoit fourches espattées
> « par bas comme fourches de hault
> « justicier doibvent estre. »

CHALONS-SUR-MARNE.

IMPRIMERIE F. THOUILLE, RUE D'ORFEUIL, 3.

1887

OUVRAGES DU MÊME AUTEUR.

LES ORIGINES DE LA MUSIQUE. Brochure de 180 pages, in-12. Châlons, Martin, imp., 1877. *Épuisé.*

DESCRIPTION ET HISTORIQUE DE L'ÉGLISE SAINT-ALPIN DE CHALONS. Un vol. in-8°. Châlons, Martin, 1878. *Épuisé.*

VIEILLES ORGUES, VIEUX ORGANISTES. Br. in-8°. Châlons, Martin, 1879. *Épuisé.*

DESCRIPTION ET HISTORIQUE DE L'ÉGLISE SAINT-LOUP DE CHALONS. Un vol. in-8°. Châlons, Martin, 1880. *Épuisé.*

DESCRIPTION ET HISTORIQUE DE L'ÉGLISE SAINT-JEAN DE CHALONS. Un vol. in-8°. Châlons, Martin, 1881. *Épuisé.*

L'ANCIENNE CORPORATION DES MAITRES CORDONNIERS DE CHALONS. Br. in-8°. Châlons, Martin, 1883.

DESCRIPTION ET HISTORIQUE DE L'ÉGLISE COLLÉGIALE ET PAROISSIALE DE NOTRE-DAME EN VAUX DE CHALONS. 2 vol. in-8°. Châlons, Thouille, imp., 1885.

Les deux volumes Description et Historique se vendent séparément.

(Cet ouvrage a obtenu en 1886 une mention honorable de l'Académie des Inscriptions et Belles-Lettres.)

RENSEIGNEMENTS HISTORIQUES INÉDITS SUR LA CATHÉDRALE DE CHALONS. Br. in-8°. Châlons, Martin, 1885.

LA CONFRÉRIE DUDIT-DEXIER. Br. in-12. Châlons, Le Roy, 1886.

Châlons-sur-Marne, imp. F. THOUILLE.

LA JUSTICE CRIMINELLE

LA JUSTICE CRIMINELLE

ET

LE BOURREAU

A CHALONS

ET DANS QUELQUES VILLES VOISINES,

par Louis GRIGNON.

« ... C'estoit fourches espatées
par bas comme fourches de hault
justicier doibvent estre. »

CHALONS-SUR-MARNE,

IMPRIMERIE F. THOUILLE, RUE D'ORFEUIL, 3.

1887

AVANT-PROPOS.

———

Bien que, par notre histoire locale, on puisse se renseigner sur les diverses juridictions qui jadis existaient dans la ville de Châlons, on peut reconnaître que, malgré ce qui en a été dit, certains points importants semblaient douteux et que beaucoup de détails restaient inconnus. Nous avons pensé qu'un tel sujet, que l'histoire de la ville ne peut que brièvement exposer, méritait d'être particulièrement étudié et traité à part.

C'est en comparant avec les documents authentiques ce qu'en a dit Buirette de Verrières dans ses Annales historiques, et après avoir relevé de notables différences entre ce qui était et ce qu'il dit avoir été, qu'il nous a paru utile d'entreprendre ce travail, et de faire mieux connaître l'organisation compliquée des juridictions criminelles à Châlons dans les siècles passés; d'indiquer d'une façon précise l'origine des justices seigneuriales qui se partageaient la ville, leurs limites territoriales, leur fonctionnement; de déterminer aussi exactement que possible les époques de l'établissement des diverses juridictions royales à Châlons; de fixer d'une façon certaine les emplacements où s'accomplissait l'œuvre de la haute justice; enfin de faire connaître la situation de l'exécuteur des sentences criminelles à diverses époques du passé.

Peut-être ne serons-nous pas aussi complet que nous l'eussions désiré; la faute en est à l'absence d'archives criminelles se rapportant aux époques éloignées; elles font absolument défaut pour les XIVe, XVe et XVIe siècles, et sans l'heureuse découverte de certaines pièces importantes dans des archives où nous ne pensions pas les rencontrer, notre historique présenterait une énorme lacune et ne pourrait s'appuyer sur des données certaines qu'à partir du XVIIe siècle, époque où la justice criminelle cesse de présenter le même intérêt.

Toutefois, si ce court travail pêche par trop de concision, nous pensons que l'on ne pourra rien lui reprocher sous le rapport de l'exactitude, car nous n'avons rien écrit, rien affirmé, qui ne soit extrait de documents de l'époque, auxquels on ne peut qu'ajouter foi.

LES JURIDICTIONS.

CHAPITRE Ier.

LES JURIDICTIONS.

Dans l'origine, la justice temporelle de la ville de Châlons appartenait tout entière à l'évêque comte de Châlons.

On ne sait au juste à quelle époque l'évêque reçut du roi le fief important du comté de Châlons, avec les droits et prérogatives qui y étaient attachés. Certains prétendent, sans le prouver toutefois, que Gibuin Ier (963-998) fut le premier évêque qui porta le titre de Comte de Châlons.

Ses successeurs presque immédiats crurent devoir partager ce droit de seigneurie temporelle entre les abbés de Saint-Pierre-au-Mont, de Toussaint-en-l'Ile et le Chapitre de Saint-Étienne. Il y eut alors dans la ville quatre bans ou seigneuries, dont les titulaires prenaient, comme l'évêque, le titre de hauts justiciers, moyens et bas.

Il exista en outre d'autres juridictions dont il sera question plus loin, mais il nous faut d'abord parler des justices seigneuriales qui, dans l'ordre chronologique, leur sont antérieures de bien des siècles.

BAN DE TOUSSAINT. — Le ban de Toussaint, ou ban de l'Ile, se composait de deux parties très-rapprochées et qui n'étaient séparées que par un bras de la Marne. C'était d'une part l'île de Toussaint-dehors, où avait été établie la primitive abbaye (1013). Cette île, située extra muros, était limitée d'un côté par le bras de la Marne qui, au nord-ouest, longe le cimetière actuel, et d'autre par un autre bras qui, venant du pont des Trinitaires (grand pont), passait derrière l'église Saint-Sulpice et se divisait pour enceindre le terrain en partie; des fossés, creusés de main d'homme, achevaient de l'isoler. Quant au ban proprement dit, il était limité depuis le pont Saint-Antoine jusqu'aux sept moulins par le canal de Nau, et d'autre côté par les murs de la ville. C'était, en résumé, ce que nous appelons à présent le quartier de l'École des Arts.

Pour plus de détails et de certitude, nous empruntons le texte ci-après à une déclaration de biens de l'abbaye, dressée en 1464, où sont indiquées l'époque de la création de cette seigneurie, la délimitation de son territoire et la nature de la juridiction qui y était exercée.

«.... Est assavoir que dès l'an 1012 ou environ, ladite église et monastère de Toussaint furent fondez par feu Rogier lors jadis evesque de Chaalons; et est ladite église assise près et au dehors dudit Chaalons, laquelle avec les habitations, jardins, prez et place tout en ung tenant, qui contient environ xxiiij arpens, sont en fasson d'une isle, clos et environnez pour la pluspart de la rivière de Marne et pour la moindre part de fossés; duquel lieu lesdis religieux, abbé et couvent sont seigneurs haulx, moyens et bas, mais n'y a audit lieu aucuns bourgeois demourans en icelle isle hors Chaalons que les familiers et serviteurs desdis religieux.

« Item, à cause de la fondation d'icelle église, sont, iceulx religieux, seigneurs temporelz haultz justiciers moyens et bas pour une petite porcion de ladite ville de Chaalons, au lieudit *le ban de l'isle,* contenant xi journelz · et demi de terre ou environ, tenant d'une part, par devers l'église cathédrale, à la rivière de Marne (1), et d'autre à la muraille et fermetté de ladite ville de Chaalons.

« Item, lesdis religieux ont accoustumé de avoir un maïeur (2), sept eschevins, ung sergent, pour l'exercice de la justice dudit ban, et ont communément l'ung de leurs religieux prévost (3) et ung homme laye (4) maïeur en garde de la justice.

« Item, leursdis officiers en justice ont la juridiction et congnoissance de tous cas criminelz et civilz commis et perpétrez par gens lays audit ban, et la congnoissance de tous cas, excez, attrahiers (5), confiscations, biens vacans et autres fais et exploix appartenant à seigneurs haulx justiciers; et lesdis prévost et maïeur ont accoustumé de prendre tous les exploits et amendes jusques à xxxvij solz vj deniers et au dessous, et le surplus est audit abbé quant le cas y eschiet. »

Il n'est question dans ce document ni des fourches patibulaires ni du pilori. Le ban de Toussaint était si peu important et si peu habité que déjà en 1461, les fourches,

---

(1) Au lieu où se trouve encore aujourd'hui une ancienne chapelle faisant partie de l'École des Arts, fluait un bras de la Marne venant jusqu'au canal de Nau en la fosse des sept moulins.

(2) Mayeur ou maire.

(3) Dans les premières années du XVI° siècle, le prévôt religieux disparut pour faire place à un bailli laïc.

(4) Laïc.

(5) Le droit qu'avait le seigneur d'attirer à lui les biens du condamné, de l'aubain, du bâtard ou du serf de ses terres, alors même qu'il se trouvait en une autre justice que la sienne.

dont il n'était sans doute presque jamais fait usage, étaient tombées de vieillesse et n'avaient pas été relevées, et que, de plus, le lieu où elles étaient autrefois plantées avait été transformé en jardin avec arbres fruitiers qui était alors donné à loyer.

Une mention relative à cette location nous l'apprend; elle dit ceci :

« Item, ont ung jardin nommé Ranel, sis hors la closture de la ville, près du chasteau Saint-Anthoine, contenant quatre danrées ou environ, où y a des saulx et autres arbres portant fruitz, clos de la rivière de Marne, *où souloient estre (1) les fourches pour l'accomplissement de la justice.* »

Les fourches du ban de Toussaint étaient donc placées sur un terrain aujourd'hui compris dans le cimetière de l'ouest.

Quant au pilori, nous n'avons sur son existence et son emplacement aucun renseignement.

BAN SAINT-PIERRE. — Le territoire du ban Saint-Pierre comprenait : la place des Buttes, alors appelée place l'Abbaye ou Champchaillau, il suivait les murs de la ville jusqu'à la porte Saint-Jean et la porte Murée; puis, un peu au-delà, une ruelle partant du rempart et coupant la rue du Châtelet formait de ce côté la limite entre le ban Saint-Pierre et le ban des Clercs ou de Saint-Loup; cette ruelle de séparation traversait ensuite le terrain où fut construit le couvent des Récollets, alors appelé le Ban perdu ou fosse Bouqueret, emplacement probable d'une partie des anciens fossés du ban; il comprenait aussi quelques maisons de la rue Grande-Étape jusqu'à la rue

(1) Où étaient autrefois.

du Flocmagny qui lui appartenait en entier; le haut de la rue Saint-Nicaise faisait également partie du ban jusqu'à la Croix Saint-Pierre, qui était placée presque en face de la rue du Grenier-à-Sel et en marquait la limite; enfin il comprenait le haut de la rue Sainte-Marguerite et le quartier de l'Arsenal jusqu'au point de départ, c'est-à-dire la place des Buttes. — La justice du ban s'étendait en outre, extra muros, sur les terrains situés au delà des murs du couvent, appelés : la prairie ou vallée Saint-Pierre, et jusqu'à Melette.

Nous trouvons dans une déclaration de biens de l'an 1471 certains renseignements concernant l'exercice de cette justice; en voici les termes :

« Une portion de la ville de Chaalons, appellée le ban Saint-Pierre, appartient ausdis religieux abbé et couvent, à cause de la fondation d'icelle église, de si longtemps qu'il n'est mémoire du contraire, comme il appert et apparoist par plusieurs lettres et chartres sur ce faictes depuis quatre cens ans: auquel ban Saint-Pierre lesdis religieux sont seigneurs haulx justiciers moyens et bas, et de toute ancienneté ont acoustumé y avoir ung maïeur, sept eschevins, ung doyen, sergent, clerc juré et aultres officiers pour l'exercice de la justice temporelle audit ban; lequel tient aux bans et justices de l'éveschié dudit Chaalons et des doyen et Chapitre dudit Chaalons, et se extend ledit ban dedans ladite ville jusques à la muraille, fermette et cloison de ladite ville, et oultre ladite muraille ils y ont seigneurie, haulte justice moyenne et basse; et à cause d'icelle seigneurie temporelle qu'ils ont en leurdit ban, leur maïeur et eschevins ou justice d'illecques ont acoustumé de avoir la congnoissance et juridiction de tous cas criminelz, civilz, réelz et personnelz, amendes, attrahiéres,

confiscations, biens vacquans et aultres faiz et exploiz
appartenans à seigneurs haulx justiciers; et l'on a acoustumé puis peu de temps bailler à ferme ladite mairie, et
prent ledit mayeur tous prouffitz de justice jusques à
37 sols 6 deniers, et ce qui excède appartient audit abbé.

« Item, le ban brisé de justice (1) vault 37ˢ 6 deniers —
sang et plaie fait à aulcunes personnes injurieusement
vault 37ˢ 6ᵈ d'amende — batteures sans sang et plaie vault
5 sols — le cas d'injures vault 5 sols, et au regard des
amendes excédant 37ˢ 6ᵈ, peu souvent ce cas advient.

« Item, il y a accoustumé d'avoir audict ban Saint-
Pierre ung prévost religieux qui a la congnoissance et
juridiction des causes des nobles en action personnelle
demourans audit ban et justice (2).

« Item, en la grant rue dudit Saint-Pierre, près des
estaulx, y a acoustumé de avoir et y a de présent ung
pillory et eschielle appartenans ausdis religieux en dé-
monstrance qu'ils sont seigneurs haulx justiciers moyens
et bas.

« Item, ont acoustumé d'avoir audit lieu sur les prai-
ries dudit Saint-Pierre, ung gibet à trois piliers où l'on a
acoustumé de exécuter les malfaicteurs par la justice laye
desdits religieux quand le cas y eschiet. »

Pour plus de clarté, car les lieux ont changé de nom,
nous dirons que le pilori était situé au haut de la rue du
Four, dite autrefois du Four-aux-Chaillaux ou des Étaux-

---

(1) Nous disons aujourd'hui : Rupture de ban.

(2) En 1523 le prévôt était remplacé par un bailli laïc. On lit dans la
déclaration de biens de 1523 «.... souloient avoir un prévost religieux, lequel,
par la reformation dernièrement faite de ladicte abbaye, a esté réduict et mis
en cloistre, et en son lieu a esté institué ung bailly par l'auctorité des gens
du Roy, qui a la congnoissance des choses dessus dictes au lieu dudict
prévost. » (Archives de l'abbaye.)

Saint-Pierre; c'était là que se tenait le marché du ban et
la boucherie. Quant au gibet, on voit par une pièce de
1389 qu'il était placé au lieudit : les Crayères de Saint-
Pierre (1). Un contrat de vente de 1533 nous renseigne
d'une façon plus précise, il est question dans cet acte
d'une pièce de vigne « sise au terroir du ban Saint-Pierre
au lieudit le Mont-Hennequin près la justice patibulaire
dudit Saint-Pierre. » Les fourches étaient donc placées
hors des murs, non loin et peut-être sur le lieu même où
fut établi ce que de nos jours on a appelé : le moulin
Picot.

BAN DU CHAPITRE. — La juridiction du Chapitre de
Saint-Etienne ne s'étendait pas sur un territoire d'un seul
tenant comme cela avait lieu pour les autres bans, mais
sur plusieurs parties de la ville. D'abord sur le pont de
Porte-Marne, la terre du Rougnon ou ban des Clercs
qui forma dans la suite la paroisse Saint-Loup, puis sur
l'Hôtel-Dieu, l'église Notre-Dame, le cloître et maisons
canoniales de cette église, et aussi sur les quelques maisons
ou échoppes construites rue de Vaux et adossées au mo-
nument, enfin sur le cloître de la Cathédrale et sur l'hô-
pital Saint-Lazare depuis sa fondation en 1211. En 1445
il prétendait aussi la juridiction sur la maison du four de
grève comme dépendance de l'Hôtel-Dieu, sur les maisons
de la rue de la Grande-Ecole et sur la maison de la Grande-
Couronne, rue de Brebis.

Cette question de juridiction temporelle du Chapitre

(1) Jean le Prévôt, compagnon et lieutenant du prévôt de Laon, après avoir
exposé qu'il a à Châlons un criminel à faire exécuter, demande au mayeur du
ban Saint-Pierre de lui prêter pour cette exécution un gibet de sa justice
qui était au lieudit : *ès croyères de Saint-Pierre.* (Lettres du 26 août 1389.
Archives de l'abbaye.)

n'a jamais été exposée d'une façon précise. On en porte généralement l'origine à l'an 1258 seulement, ce qui est inexact. Buirette de Verrières, en ses Annales historiques (1), dit « que l'évêque Pierre de Hans (mort en 1261) poussa la bienveillance pour son Chapitre jusqu'à le faire son co-seigneur de la ville de Châlons. » Cette phrase a été rééditée plusieurs fois et pourtant il y a erreur dans la date; le droit de seigneurie du Chapitre est beaucoup plus ancien.

Buirette lui-même nous en fournit la preuve, sans s'en douter, lorsqu'il dit « que l'évêque Bovon disputa à son Chapitre la seigneurie des quartiers de Thibie, c'est-à-dire de la terre *du Rougnon* autrefois *de Cummes;* mais le Chapitre ayant justifié de sa possession, il donna aux chanoines, en 1155, un acte authentique par lequel il reconnaît n'y avoir aucun droit (2). »

Comme historien, Buirette tombe ici dans une impardonnable confusion; il paraît ignorer que la terre *du Rougnon* n'a aucun rapport avec les quartiers de Thibie et que cette terre n'est autre chose qu'une partie de la ville de Châlons dite aussi : le *ban des clercs,* et que la terre de *Cummes* est simplement la *Cumine,* située vers le lieu où fut plus tard édifiée l'église Saint-Antoine. — Ces erreurs rectifiées, on doit conclure du renseignement donné par Buirette que, dès l'an 1155, le Chapitre avait un droit de juridiction temporelle sur certains lieux de la ville de Châlons.

Nous avons d'autres pièces qui établissent un droit antérieur à l'an 1258. — Par lettres datées de 1188, l'évêque Guido reconnaît, *comme l'ont fait ses prédécesseurs,* que

(1) Introduction, page xcviii.
(2) Annales, page 208.

a juridiction du Chapitre s'étend sur certains quartiers
de la ville, selon la coutume, notamment sur la terre du
Rougnon, la Cumine et les terres de Thibie. — Par lettres
de février 1225, le lundi d'après *Circumdederunt*, l'évêque
Guillaume du Perche reconnaît les droits de juridiction
temporelle du Chapitre et confirme les lettres de Guido,
de 1188, par lesquelles les terres des quartiers du Chapitre
qui sont à Châlons et les quartiers de Thibie sont exempts
des droits et coutumes de l'évêché, ensemble la terre du
Roignon, et que l'évêque n'a aucune juridiction en ces
lieux.

Enfin l'évêque Pierre de Hans, dans un dénombrement
qu'il rend au roi en 1255, dit qu'il a la seigneurie temporelle, haute, moyenne et basse justice dans toute la cité
« excepté en certains lieux de la ville où les abbé et couvent
de Saint-Pierre, les abbé et couvent de Toussaint et les
doyen et Chapitre de Châlons ont fief par concession et
don de ses prédécesseurs. » — Dès lors, si en 1255 l'é-
vêque Pierre de Hans déclare que le Chapitre est en possession du droit de seigneurie sur certains lieux de la ville,
par don de ses prédécesseurs, on ne peut dire qu'il le
leur concéda en 1258, il ne put alors que l'étendre ou le
confirmer.

C'est ce qui eut lieu en effet. Le Chapitre possédait dès
avant l'an 1107 une seigneurie temporelle s'étendant sur le
ban des Clercs, l'église Notre-Dame, l'Hôtel-Dieu et le
pont de Porte-Marne, ainsi qu'on le voit dans une bulle du
pape Pascal, et c'est en 1255 que les mêmes droits lui
furent accordés sur le cloître de la cathédrale, concession
qui fut confirmée par l'évêque Remy de Somme-Tourbe
et ratifiée par le pape Boniface en 1269.

Les indications qui précèdent concordent du reste avec

le texte d'une déclaration de biens fournie par le Chapitre
en 1472 où il est dit :

« Lesdis doyen et Chapitre sont seigneurs haulx justiciers moyens et bas d'une petite portion de ladite ville de
Chaalons appellée Rougnon, autrement dit le ban des
Clercs, et à eulx appartient de si grande ancienneté qu'il
n'est mémoire du contraire, et dès auparavant l'an mil c
et vij; en leur quel ban et justice ilz ont acoustumé de
avoir ung mayeur fermier qui a la congnoissance, avec les
eschevins d'illec, de tous cas criminelz et civils; lequel
lève et cueille à son prouffit toutes amendes jusques à
xx sols, et le surplus appartient ausdits de Chapitre.

« Item, sont lesdis vénérables haulx justiciers moyens
et bas de l'église collégiale et parochiale de Nostre-Dame
en Vaulx dudit Chaalons et d'aucune petite portion de
terre à l'environ d'icelle, au milieu de laquelle justice
desdis de Chapitre est assise ladite église de Nostre-Dame;
en laquelle juridiction y a trois maisonnettes et une cham-
brette appartenant pour moitié ausdis de Chapitre et aux
chanoines de Nostre-Dame.

« Item, sont lesdis doyen et Chapitre seigneurs temporelz haulx justiciers moyens et bas de tout leur cloistre
et fermette d'icelui, estant à l'environ de leur dite église
et où sont assises plusieurs de leurs maisons canoniales,
esquelles maisons les chanoines et aultres de l'habit de
ladite église ont acoustumé de faire leur résidence et de-
meurance, à eulx donné par feu de bonne mémoire Pierre,
jadis evesque de Chaalons et confermé par feu de très-
noble mémoire le roy Loys pour lors roy de France, l'an
mil cc. lv au mois de juillet; tenant icelui cloistre d'ur
costé aux murs de ladite ville par devers le jard, et d'aultres
costez et parties au ban et temporel de Mr l'evesque de

Chaalons. Et de présent y a une ruelle entre les murs de ladite ville et ceux des maisons et jardins dudit cloistre qui y fust faict par les guerres pour faire guet à cheval à l'environ de ladite ville, mais nonobstant, ladite ruelle est de nature dudit cloistre; et au surplus est tout cloz et y a cinq portes fermant de nuict par lesquelles on entre oudit cloistre.

« Item, ont la juridiction, correction et pugnition sur tous les demourans en la fermette de leur dit cloistre en tous cas criminelz et civilz. »

Au moyen âge et jusqu'au XIVe siècle, le siége de la justice du Chapitre était établi dans l'église Notre-Dame (1); c'est là que se tenait le plaid banal et autres audiences. C'était aussi le siége du tribunal ecclésiastique du Chapitre appelé : Official de Vaux. Plus tard, le bailli du Chapitre qui rendait la justice tant au civil qu'au criminel (2), eut son siége dans le cloître, près du chevet de l'église cathédrale, au lieudit : les Sibylles. — Pour le ban des Clercs ou de Saint-Loup, le mayeur et les échevins du ban jugeaient les causes ordinaires et de police. — Aucune mention ne fait connaître que le Chapitre ait eu un pilori et des fourches patibulaires; il est à croire que, le cas échéant, on se servait de ceux de l'évêque. — Il avait toutefois des prisons. L'une au ban des Clercs est dite en 1521 « maison devant Saint-Loup où l'on met les ceps de justice. » En 1591 elle est donnée à loyer et désignée

(1) En 1291, le Chapitre fut troublé dans cette juridiction par le bailli de l'évêque accompagné d'une troupe de gens armés qui, pénétrant dans l'église un jour d'audience, en chassa l'official. (Cartulaire du Chapitre.)

(2) Le Chapitre n'avait point de prévôt pour le criminel. Un chanoine portait, il est vrai, le titre de prévôt de la cité, mais il n'exerçait aucune fonction judiciaire. Son rôle se bornait à la surveillance des immeubles qui, à Châlons, appartenaient au Chapitre, et à veiller à la rentrée des cens et des loyers.

comme étant communément appelée : la maison des prisons.

Le Chapitre avait dans le cloître un lieu d'incarcération plus important. Une conclusion du Conseil de ville du 12 avril 1552 nous apprend « que M' le Garde des sceaux ayant ordonné de faire vuider tous les prisonniers de M' l'évesque et trouver nultre lieu pour les mettre, on réparera la tour du roy pour ce, et, ce pendant, on les mettra en celle du Chapitre. »

C'est tout ce que nous savons sur cette justice seigneuriale à Châlons.

BAN DE L'ÉVÊQUE. — Il est facile de déterminer l'étendue de ce ban qui comprenait la ville entière sauf les bans du Chapitre, de Saint-Pierre et de Toussaint dont nous avons fait connaître les limites.

La justice criminelle y était rendue par le bailli de la Comté-Pairie en ce qui concernait les personnes nobles et les délits commis contre les biens temporels de l'évêque; il prononçait aussi les amendes concernant les métiers qui étaient placés sous sa juridiction. Sauf ces cas particuliers, les causes criminelles et de police étaient du ressort de la prévôté, tribunal qui se composait du prévôt et de sept échevins.

On ne sait pas au juste où, avant les premières années du XIVe siècle, se trouvait le siége de la justice de l'évêque. Cependant certaines indications donnent à penser qu'il était situé près du palais épiscopal, en un local assez vaste derrière lequel étaient les prisons, et qui, dans le cours du XVIIe siècle, portait encore le nom de *Chastel-Gaillart* bien que depuis longtemps il eût été converti en deux maisons canoniales données à loyer. A partir du

XIVᵉ siècle, le siége de cette justice fut établi dans un immeuble de la rue de Marne, à peu près en face de la rue des Lombards — on appelait ce lieu : *la loge* — c'est là que se jugèrent les causes criminelles à partir de l'an 1325 (1).

La charge d'échevin était honorifique; ceux qui l'exerçaient ne recevaient aucun émolument.

La prévôté était donnée à ferme au plus offrant, généralement pour trois ans. L'année de fermage commençait à la Saint-Jean-Baptiste. Selon les temps, le prix d'adjudication variait; en 1392 elle fut adjugée à 76 livres tournois.

Outre le prix de fermage consenti, le prévôt devait chaque année à l'évêque une somme de 22 livres pour le loyer de la maison de la Loge et quatre flèches de lard (2). Il payait aussi au Vidame 15 livres chaque année au jour de la Saint-Jean-Baptiste; la première année cette somme était exigible dès son installation. Cette redevance était dite : le siége du prévôt (3). Telles étaient les charges qui lui étaient imposées.

Quant aux avantages pécuniaires, le prévôt percevait à son profit les amendes prononcées par son propre tribunal jusqu'à concurrence de 37 sols 6 deniers; si l'amende

(1) Cette maison avait été achetée en 1325 par l'évêque Pierre de Latilly. Dans l'acte de vente elle est dite : Située dans la grande rue devant le puits au Change.

(2) « Reçu de Simon Grasmolet prévost de Chaalons qui doibt à cause de sa prévosté iiij flèches de lard esquelles le Vidame prend ij flèches, chascune flèche prisée l sols par les maistres bouchers de mondit seigneur. » (Comptes de l'évêché, 1392.) — Ce prix indique que chaque flèche devait peser au moins 25 livres.

(3) « Doibt avoir ledit Vidame chascun an pour cause de la Loge ou siége du Prévost dudit M' l'évesque au jour Saint Jehan-Baptiste quinze livres délivrées par ledit prévost incontinent qu'il est installé. » (Acte de vente du Vidamé, 10 juin 1395.)

dépassait cette somme, le surplus appartenait à l'évêque.
Il lui était alloué une même somme pour les sentences
définitives portant peine capitale, bannissement ou confiscation de biens. De plus, l'évêque lui devait à dîner
le lendemain de Noël (1).

On comprend qu'un pareil système d'affermage devait
amener de nombreux abus et que les prévôts fermiers
aient plus d'une fois cédé à la tentation d'augmenter leur
revenu en infligeant aux justiciables des amendes excessives ou imméritées. Cet abus existait du reste partout (2).
C'est à partir des premières années du XVIe siècle qu'il
fut, à Châlons, remédié à cet état de choses. Il y eut alors
un prévôt en garde institué et payé par l'évêque et n'ayant
aucune part dans les amendes ou confiscations. Toutefois
il y eut encore un fermier des amendes et poursuites
criminelles qui n'intervenait pas dans l'instruction des
affaires, mais auquel incombait pourtant, d'après son
marché, un vilain rôle d'espionnage et de dénonciation (3).
C'était dans les mœurs du temps.

(1) « Des gélines dues chascun an à Monseig' à cause de sa mairie de Fauls,
qui montent à xxxj gélines, il n'est fait recepte parceque on les despence
chascun an le lendemain de Noël pour le disner que mondit Seigneur doibt à
son prévost, au prévost le Vidame et plusieurs autres de sa compaignie. »
(Comptes de l'évêché, 1302.)

(2) « Advient grandes oppressions au peuple pour ce que plusieurs offices
royaulx de judicature sont bailliez à ferme ; car souvent gens dissolus, trompeurs
et affamez mettent lesdits offices à prix, et pour recourrer les deniers de leur
ferme et avoir gain, font plusieurs molestations au peuple, et semble ausdits
Estatz que lesdits offices ne doibvent estre doresnavant affermés, mais on y
doibt commettre gens expers et de bonne preudhommie. » (Estats généraux de 1487.)

(3) Affermage des exploits et amendes. — Contrat du 5 juillet 1593. « Après
publications faites par les carrefours, la ferme des exploits et amendes prononcées tant par le bailly que par le prévost et eschevins dudict Chaalons
jusques à la somme de 60 solz et au dessoubz a esté adjugée au plus offrant :
Pierre Grosjehan sergent audict bailliage et prévosté, pour trois ans, moyennant la somme de vingt-cinq escus sol par chascun an, payables aux deux

Dans le cours des XV° et XVI° siècles, il y avait encore, pour l'exercice de la justice de l'évêque, un mayeur ou maire institué à ferme pour le territoire de la Neuville. En 1479, cette mairie était louée onze sols trois deniers; en 1540, 28 sols 4 deniers; en 1554, 46 sols. La Neuville était le terrain extra muros parsemé de quelques habitations qui s'étendait de la porte Saint-Jacques à la porte Saint-Antoine. C'était en cet endroit qu'était alors établi l'hospice des pestiférés.

Il y avait aussi un mayeur pour le terroir du Débat et le pont Ruppé. Le terroir du Débat était une bande de terre qui s'étendait sur la rive gauche de la Marne depuis le bas de Fagnières jusqu'au mont Saint-Michel et comprenant le faubourg du pont Ruppé ou de Sainte-Pudentienne. Cette mairie était louée en 1537 et années suivantes 40 sols par an, dont 20 sols à l'évêque et 20 sols au roi (1).

termes de Noël et Saint Jehan-Baptiste. A charge que ledict Grosjehan sera tenu de faire à ses despens poursuites criminelles esquelles il n'y aura point de partie civile jusques à sentence définitive. Et si sera encore tenu ledict Grosjehan de veiller sur les malveillans et contrevenans aux ordres politiques dudict seigneur Évesque et de sa justice, blasphesmes, forfaitures et aultres excès et délits qui se commettent au temporel dud. seigneur, et de ce en advertir le procureur ou son substitut pour en requérir et poursuivre la justice et correction; sans que led. Grosjehan puisse aucunement composer ni faire aucunes concussions et exactions à peine de s'en prendre à sa personne. »

(1) « Des exploicts, deffaulx et amendes jusques à la somme de 20 sols et au dessoubz, de la mairie et justice de la terre du Débat, coupée pour trois ans à Didier Caquerel parmi la somme de six livres tournois pour lesdites trois années dont il appartient au roy la moitié. Soit pour la présente année 20 sols. » (Comptes de l'éveché, 1553 et années précédentes.)

Deux mentions inscrites aux comptes de 1479 et de 1553 nous apprennent que la seigneurie de la terre du Débat et du pont Ruppé a été mise en la main du roi à cause du procès qui est en parlement entre feu Monsg' d'Orléans contre feu M° l'évêque de Châlons, et qu'il a été accordé que le revenu en serait partagé par moitié entre les parties en attendant le résultat du procès. Ainsi cette affaire, introduite vers les premières années du XV° siècle, n'avait pas encore reçu de solution en 1553.

Enfin l'évêque avait un mayeur à Saint-Memmie pour la partie du territoire de cette commune placée sous sa juridiction temporelle, nous en reparlerons plus loin à l'article Saint-Memmie.

Les prisons de l'évêché étaient établies derrière le palais épiscopal. Cet emplacement est clairement désigné dans un contrat du 9 avril 1590, relatif à la construction de l'arsenal, où il est question d'un ancien magasin à poudre « sis proche la porte Marne, tenant d'une part aux remparts de la ville et d'autre à une ruelle commune estant entre ledit magasin et les *prisons de l'évesché*, d'un bout à une maison appartenant à Augustin Arnoult, et d'autre à une platte forme estant *derrier l'hostel épiscopal*. » Nous savons qu'elles comportaient une chambre où l'on appliquait à la question (1). Nous savons aussi, par une conclusion du Conseil de ville, qu'en 1552 l'ancienne prison fut évacuée et que l'on aménagea pour cet usage la tour du roi située derrière le couvent des jacobins (2). Enfin nous savons qu'en 1712 ces prisons étaient démolies.

La geôle était donnée à ferme au profit de l'évêque (3). En 1392 elle rapportait 44 livres 15 sols; en 1421, 79 livres 10 sols; en 1553, 50 livres. Chaque prisonnier devait au tourier ou geôlier deux deniers pour entrée; si c'était pour le compte du roi il devait 5 sols pour l'entrée et une nuit;

(1) « Payé à quatre massons pour leur salaire d'avoir refait une cheminée estant *en la question* des prisons de mondit Seigneur, 5ˡ 6ˢ 8ᵈ. » (*Comptes de l'évêché*, 1479.)

(2) « Mˡ le garde des sceaux ayant ordonné de faire vuider tous les prisonniers de Mˡ l'évesque et trouver autre lieu pour les mettre, on réparera la tour du roy pour ce, et ce pendant on les mettra en celle du Chapitre. » (Conclusion du 12 avril 1552.)

(3) Et non au profit du concierge de l'hôtel ainsi qu'on l'a dit; le produit de cet affermage est régulièrement porté en recette dans tous les comptes de l'argentier de l'évêque.

'il séjournait, c'était 28 deniers plus un denier et une obole
our le lit et deux deniers pour la nourriture. Celui qui
tait détenu pour dettes payait six deniers plus deux de-
iers pour le lit par jour. Tel était le tarif en 1502; il dut
tre modifié dans la suite, mais le principe ne varia point:
a nourriture et le couchage du prisonnier étaient à sa
harge; s'il n'avait aucun bien pour y satisfaire, cette
lépense incombait au seigneur justicier (1), mais dans ce
as il n'était dû au prisonnier que du pain, de l'eau et de
a paille. Quant au détenu pour dettes, son entretien était
à la charge du créancier qui l'avait fait écrouer; s'il ces-
ait de payer, le prisonnier était élargi.

Le pilori était établi sur la place du Marché-au-Blé
levant l'hôtel des Trois-Rois (2). Barbat, cherchant à
réciser son emplacement, dit que cet hôtel était situé sur
e marché « à gauche en sortant de la ruelle aux Pois (3) »
aujourd'hui rue de l'abbé Lambert). C'est une erreur.
Un contrat du 3 avril 1483 nous renseigne très-exactement
ur ce point; il y est dit que Pierre Dyo et Méline sa
emme ont pris à cens à vie des chanoines de Notre-Dame
u Vaux de Châlons, « une maison assise en la rue des
Bains-Bérard, près du marché à blef, tenant d'une part
par bas à une ruelle commune et dessus ladite ruelle à

(1) « La ferme de la porte et thourage de mondit Seigneur a esté coupée à
Jehan Ciret moyennant 13ᵗ par an, à charge de nourrir les gens qui y seront
mis à requeste du procureur de Monseig' et qui seront de ses terres et seigneuries et au cas qu'ils n'auroient aucun bien pour satisfaire, sans que mond.
Seigneur en soit tenu. » (Comptes de l'évêché, 1510-11.)

(2) Si nous ne savons à quelle époque le pilori fut installé sur le marché,
nous savons du moins qu'il y était placé dès l'an 1390. — Par acte du 8 octobre
1390, l'abbaye de Saint-Memmie loue à Gérard Le Sayne moyennant 20ᵗ de
cens annuel « trois estaux au marchié où vendent li mégissiers, assis devant
l'hostel aux Troys-Roys, de lez le pilori. » (Archives de l'abbaye.)

(3) Histoire de Châlons, note de la page 278.

l'ostel des Trois-Roys. » Ces indications prouvent que cet hôtel faisait le coin du marché et de la rue Bernard-les-Bains, et que, par conséquent, le pilori était placé sur la partie du marché comprise entre la rue Bernard-les-Bains et la rue des Poissonniers.

La justice patibulaire de l'évêque était « aux petits monts près de Fagnières en laquelle on a acoustumé de faire pendre et estrangler les malfaicteurs de toute ancienneté. »

Cette mention, extraite d'un recueil écrit en 1502, n'est pas d'une précision suffisante pour reconnaître exactement le lieu où se trouvait la justice de l'évêque. Elle donne à croire qu'elle était établie assez loin de Châlons, sur le territoire de Fagnières où l'évêque n'avait aucune juridiction. Il y a là une impossibilité, car nul seigneur ne pouvait installer sa justice sur le territoire d'un seigneur voisin. La limite de Fagnières touchait aux faubourgs de Châlons; au delà du pont Ruppé, Châlons ne possédait comme territoire que le mont Saint-Michel, encore était-il restreint à la seule partie où se trouvaient établies la chapelle et dépendances du prieuré, par conséquent la justice de l'évêque ne pouvait être que là, sur une hauteur dominant la ville, et l'expression : *près de Fagnières* semble devoir s'entendre : *près du territoire de Fagnières.*

Certaines indications puisées à des sources authentiques prouvent qu'il en était ainsi. Dans un ancien journalier ou mémento écrit de la main de messire Nicolas des Mailles, abbé de Toussaint de 1420 à 1433, et continué par Michel Jolly son successeur (1), nous relevons les deux mentions suivantes : « Simon Grion a semé navez en nostre terre a costé *les fourches Sainct-Michel,* ou nous avons faict

(1) Archives départementales. — Fonds de Toussaint.

mer l'orge pour ceste présente année 1425. » Nous lisons
lus loin : « L'an 1435, le xvi° de mars, ont prins de nous
dam Hémart et Jacques le Bernaudier, deux journées
e terre *aux fourches Sainct-Michel*, desquelles doivent
endre et payer dix moitons (1) de seigle. »

Mais est-ce bien des fourches patibulaires de l'évêque
ont il est question ici? Nous avons cherché d'autres
reuves et nous trouvons dans le compte de l'argentier de
évêque de 1475, un renseignement plus explicite : « Paié
Pierre de Cheppes, dit cette mention, juré et tabellion
oyal du bailliage de Vermandois à Chaalons pour sa peine
t salaire d'avoir fait à la requeste de M° Nicolas Cuissotte,
concié en lois et décrets, procureur général de Monseig'
e Chaalons, ung instrument touchant feu Johan Coram-
ourg, à l'encontre d'ung lieutenant du prévost des mares-
haux qui avoit fait pendre et estrangler ledit feu Johan
orambourg *ès vignes de Sainct-Michel hors Chaalons,*
e vendredy devant les brandons 1474.... v sols. »

Un contrat de 1605 nous renseigne sur l'emplacement
es vignes Saint-Michel; par lequel le titulaire du prieuré
onne à loyer un terrain « assis au bout des bourgs au
elà du pont Ruppé près de la Croix-Saint-Michel, allant
u lieu où souloit estre la chapelle dudit prieuré, tenant à
ne ruelle conduisant à Compertrix; boutant par devant
ur le chemin de Troyes, et par derrière à une pièce de
rre qui souloit estre en vignes, communément appelée
a *vigne Sainct-Michel* (2). » — D'autres pièces nous ap-
ortent un contingent de renseignements dans le même
ens; dans un contrat de 1533, il est question d'une pièce
e terre labourable en lieudit *au petit mont,* ban du débat,

(1) Boisseaux.
(2) Acte passé par Collesson, notaire à Châlons. 1° septembre 1605.

terroir de Châlons (1); un acte du 21 juillet 1556 parle de 20 verges de terre à prendre en une pièce contenant neuf danrées soixante verges, assise au terroir de Châlons, ban du débat *assez près de la justice*, tenant aux terres de Rhodes et au chemin royal de Troyes (2). — Enfin un contrat du 2 septembre 1515 présente des indications qui ne laissent aucun doute; en voici le texte essentiel : « Jehan Joustelier marchand cordonnier et Jehanne Le Cœur sa femme, reconnaissent avoir vendu, quitté, aliéné..... à Jehan Humbert aussi m[d] cordonnier demeurant ès bourgs Sainct-Sulpice.... une pièce de terre assise au terroir du Débat assez près de la chapelle Sainct—Michel au lieudict la Coste-au-Vertet, tenant d'une part à Nicolas Beschefer, d'autre à l'héritage Sainct—Mor dont est parlé cy après et au chemin de Troyes. — Item, ung demi-journel de terre assis audict lieu *au devant de la justice de l'évesque*, tenant d'une part à Claude Rollet.... Et oultre, iceulx Joustelier et sadite femme ont ceddé et transporté audict Humbert tout le droit de cens viager qu'ilz ont en ung quartier de terre assis audict terroir, proche la devant dite, en lieudict *le petit mont*, tenant à.... appartenant en propriété à l'hospital dudict Sainct—Mor.... Ce présent vendage faict moyennant et parmy la somme de soixante livres tournois pour principal marché et droits vins (3). »

Les renseignements qui précèdent déterminent donc d'une façon très-précise l'emplacement des fourches patibulaires de l'évêque; elles étaient plantées sur le mont Saint-Michel près du prieuré.

Après l'établissement de la justice royale à Châlons

(1) Acte passé par Gabriau, notaire à Châlons. 1533.
(2) Acte passé par Chrestian, notaire à Châlons. 1556.
(3) Acte passé par Jacoté, notaire à Châlons. 1515.

(1513), on cessa d'en faire usage. Un gibet fut établi sur la place du Marché-au-Blé où furent exécutés les condamnés. Des jugements rendus en 1589 (1), 1598 (2) et 1613 (3), tant par les juridictions royales que par l'échevinage, prouvent qu'une potence existait alors en permanence sur cette place et que c'était là que les exécutions capitales avaient lieu.

Quelques années plus tard elle cessa d'y être à demeure; on ne la plantait que lorsqu'il en était besoin. Une sentence de l'échevinage du 24 avril 1657 nous l'apprend, nous y lisons « .... pour réparation de quoy le procureur fiscal a conclud à ce que ledit X.... soit condamné à estre pendu et estranglé tant que mort s'ensuive par l'exécuteur des sentences criminelles *en une potence qui, pour ce, sera dressée en la place du marché* de ceste ville de Chaalons. » — Cet état de choses subsista jusqu'en 1789.

JUSTICE DU VIDAME. — Le Vidamé, fief relevant ou mouvant de l'évêché de Châlons, donnait au Vidame le droit de haute, moyenne et basse justice sur certains lieux de la ville : sur l'hôtel du Vidamé, maison seigneuriale où se trouvait le siége de cette justice, et sur un pré sis près du jard, appelé le pré le Vidame. A cela se bornait à Châlons l'étendue de cette juridiction.

(1) Sentence de la prévôté de la maréchaussée du 9 décembre 1589, condamnant Jacques de Berlize et Jehan Legros, habitants de Châlons, « à estre pendus et estranglez en la potence plantée au marché et place publique dudict Chaalons pour l'exécution des haultes œuvres. »

(2) Sentence de la prévôté de Compertrix prononçant la condamnation de Nicolas Colla, laboureur à Coupetz, « à estre pendu et estranglé à la potence publicque du marché dudict Chaalons. » (1598.)

(3) Jugement qui condamne Judith Beaumont, Jeanne Lhermite et Rachel Viart à être pendues et étranglées en la potence du marché de ladite ville de Châlons, par l'exécuteur de la haute justice. (Sentence de la prévôté et écherinage du 22 mai 1613.)

Le Vidame instituait et entretenait un bailli, un prévôt, un greffier, un procureur et un sergent. On comprend qu'en raison du peu d'importance de cette justice les audiences devaient être rares et peu chargées. Le dernier registre des causes, le seul qui existe encore, ne contient qu'une seule affaire : à l'audience du 7 septembre 1787, le nommé Louis Cœffier, cuisinier traiteur demeurant à l'hôtel du Vidamé, fut condamné à six livres d'amende, sur le rapport et information du prévôt, procureur-fiscal « pour avoir, contrairement aux règlements de police, négligé de faire étamer les casseroles et autres vases de cuivre dont il use pour apprêter les mets qu'il sert sur les tables des gardes du corps du roy (1). »

Nous ferons connaître plus loin la part que prenait le Vidame et ses officiers dans l'exécution des sentences criminelles prononcées par la justice de l'évêque.

JUSTICE DE LA COMMANDERIE. — Le Commandeur de la Neuville-au-Temple, ordre de Saint-Jean de Jérusalem, avait droit de haute, moyenne et basse justice sur certaines maisons de la ville : sur toutes celles qui appartenaient à la commanderie, sur la maison commandale située à l'entrée de la rue de la Charpenterie ou du Collège, dite la maison des Hauts-Degrés et sur une maison et chapelle situés au faubourg de Marne, du côté opposé à l'église Saint-Sulpice, et appelée la maison d'Hérode (corruption de Rhodes), et quelques autres. Le bailliage de la commanderie subsista jusqu'en 1789.

SAINT-MEMMIE. — La commune de Saint-Memmie était partagée en deux bans. L'un était appelé le ban l'évêque

(1) Archives départementales. Fonds du Vidamé.

et la juridiction de ce ban appartenait à l'évêque de Châlons. La justice haute, moyenne et basse de l'autre ban, appelé le ban de la Madeleine, appartenait à l'abbé, couvent et religieux de Saint-Memge, qui la faisaient exercer par un mayeur ou maire, un bailli et autres officiers de justice (1).

Le pilori était installé dans la grande rue, les fourches patibulaires étaient plantées à l'embranchement des routes de Poix et de Marson. En 1503, ces fourches étant tombées de vieillesse, les religieux adressèrent une requête au roi pour être autorisés à les relever. Les formalités d'enquête furent longues et ce ne fut qu'en 1517, par lettres royaux du 10e jour d'octobre, que François Ier manda aux baillis de Vitry et d'Épernay (2) d'examiner la demande et d'y faire droit si les fourches n'avaient été abattues par autorité de justice. Les deux baillis autorisèrent les religieux à relever leur bois de justice au même lieu « a bras et liens par dehors et espattez par bas comme fourches de haulx justiciers doibvent estre (3). »

(1) Outre les petites amendes qui appartenaient au maire de Saint-Memmie selon l'usage général, il avait droit à certains revenus au temporel de l'évêque de Châlons. A Noël et à Pâques, chaque étal de pelleterie, draperie et autres marchandises devait deux deniers dont un pour l'évêque et un pour le mayeur de Saint-Memge. La veille de la Chandeleur, tout marchand de cire à étal lui devait deux deniers. — La veille de la Saint-André, tout marchand vendant des souliers ou cuirs à étal devait 4 deniers; cette somme était perçue par le mayeur et par les maîtres jurés de la corporation des cordonniers de Châlons, et à l'aide de la recette on allait dîner ensemble dans une auberge située dans le temporel de l'évêque. Si la somme recueillie excédait la dépense, on partageait le reliquat par moitié entre le mayeur et les maîtres jurés cordonniers. S'il y avait insuffisance, ils déboursaient la différence chacun par moitié. (Déclaration de biens de 1520. Accord du 12 février 1523. Archives de l'abbaye.)

(2) Par une bizarrerie assez fréquente autrefois, la justice de Saint-Memge relevait de ces deux bailliages.

(3) Fonds de l'abbaye, 1517, 1518, 1519.

Hôtel de Ville. — Outre ces justices seigneuriales, il existait à Châlons d'autres juridictions. Il y eut celle de l'hôtel de ville. Barbat, dans son histoire de Châlons (1), dit « que le Conseil de ville n'avait aucune juridiction, mais que cependant il prétendait connaître des délits commis sur les remparts, dans les chemins et bastions dépendant des fortifications et de quelques contraventions sur les marchés, mais que ces cas étaient, suivant l'espèce, du ressort du bailliage ou de l'échevinage de la Comté-pairie. » Ceci n'est pas absolument exact. Pendant un temps que nous ne pouvons déterminer, le Conseil de ville exerça cette juridiction par le lieutenant de ville et le procureur syndic des habitants. En 1521, deux hacquebutes ayant été dérobées à la ville, le Conseil de ville ordonna au procureur d'informer et de faire le procès aux délinquants. En 1592, le lieutenant de ville ayant été troublé dans sa justice, le Conseil conclut que le droit du lieutenant sur ce qui se passe aux portes et sur les murailles de la ville en faisant la garde serait soutenu (2). Enfin la bibliothèque possède un registre des causes portées devant le lieutenant de ville de 1632 à 1634 (3). Telles sont les preuves écrites que nous pouvons donner. Il est à présumer toutefois que le Présidial, établi en 1639, interdit au Conseil de ville l'exercice de cette justice.

Officialité ou Cour ecclésiastique. — Il faudrait peut-être de longues pages pour exposer avec des détails suffisants les origines et les transformations des tribunaux ecclésiastiques depuis les premiers siècles jusqu'au XIIe,

(1) Page 301.
(2) Conclusions du Conseil de ville. 10 septembre 1521 et 5 janvier 1592.
(3) Fonds Garinet.

époque où ils prirent le nom d'Officialités. Ce n'est guère que dans le cours du XIIIᵉ siècle que sa compétence, qui auparavant s'étendait presque sur toutes choses, fut plus nettement déterminée. L'officialité jugeait les clercs et gens d'église qui, jouissant du privilège de cléricature, n'étaient justiciables que d'elle. — Elle connaissait aussi de certains crimes et délits commis par des laïques, tels que : sacrilèges, hérésie, adultères, sortilèges, promesses de mariage éludées, tout ce qui concernait le mariage, le culte et certaines affaires de mœurs. Selon les jurisconsultes du XVIIIᵉ siècle, la connaissance du crime d'adultère lui aurait été retirée par une ordonnance de 1336, et diverses décisions royales postérieures diminuèrent sa compétence en ce qui concernait les laïques. Ils disent aussi que ces tribunaux ne pouvaient condamner à l'amende parce qu'ils n'avaient pas de fisc, ni à l'emprisonnement parce qu'ils n'avaient pas de territoire, mais il en était autrement dans la pratique, et les registres de l'officialité de Châlons que nous avons pu consulter (1) prouvent au contraire que des peines pécuniaires étaient prononcées contre des laïques. Nous voyons même en 1516 un valet ou archer de ville prisonnier de l'official pour crime d'adultère (2), ce qui prouve qu'alors la connaissance de ces cas ne lui avait point encore été retirée.

Il a existé à Châlons deux officialités : celle de l'évêque, devant laquelle étaient portées toutes les causes du diocèse, et celle du Chapitre dite Officialité de Vaux, dont l'action ne s'étendait que sur les cinq paroisses de Notre-Dame, Saint-Loup, Saint-Antoine, Sainte-Marguerite et Saint-Éloy.

(1) Registres de l'Officialité. Années 1470, 1490, 1506, 1507, 1513, 1520. Archives départementales.

(2) Conclusions du Conseil de ville du 19 décembre 1516.

---

28 — LA JUSTICE CRIMINELLE.

Ces tribunaux furent supprimés par la loi du 7-11 septembre 1790. Depuis le Concordat, on a tenté plusieurs fois de les rétablir; on n'y a point réussi.

ÉLECTION. — C'est à la suite des États Généraux de 1357 que les *Élections* furent instituées en France. Des commissaires généraux firent choix d'officiers pour procéder à l'assiette des impôts; ces officiers furent pour cette cause appelés *Élus,* et la circonscription dans laquelle ils opéraient prit le nom d'*Élection.*

Leurs fonctions n'étaient pas seulement administratives, mais encore d'ordre judiciaire. Juges et parties dans leur propre cause, les élus prononçaient sur les différends qui s'élevaient en matière d'impôts. La résistance à leurs agents et collecteurs pouvait amener le contribuable récalcitrant à la prison et au pilori. Il y a même des exemples d'exécutions en masse. En 1595 les habitants de Pogny, déjà ruinés par des tailles répétées et par le passage continuel des gens de guerre, furent taxés de nouveau à une taille de 105 écus; ils se dirent hors d'état de la payer. Une sentence de l'Élection les condamna à s'exécuter dans le délai de quinze jours. Le délai écoulé, la somme n'ayant pas été acquittée, l'Élection de Châlons leur envoya une compagnie de soldats qui mirent les maisons au pillage. Les habitants se réfugièrent dans l'église où la troupe les tint assiégés pendant trois jours, avec menace, s'ils ne venaient à composition, de voir l'église prise de vive force, les hommes passés au fil de l'épée et les femmes exposées aux violences. Cinq des habitants se portèrent alors caution pour les autres et furent tenus en prison jusqu'au paiement de la somme imposée et des frais faits pour la recouvrer (1).

(1) On trouve ces détails dans une requête adressée au Chapitre, seigneur de

GRENIER A SEL. — Bien que dans certains auteurs il soit question de l'impôt sur le sel dès l'an 1236, on ne le voit apparaître avec certitude qu'en 1318, et encore n'était-il alors que temporaire; le roi Philippe V déclara que pour le grand déplaisir que la gabelle causait au peuple, il aviserait à l'abolir à toujours.

Il n'en fut rien. En 1343, Philippe VI ordonna l'établissement de greniers à sel partout où cela serait nécessaire et fit défense à tous de vendre du sel s'il n'était acheté du roi et pris dans ses greniers. En 1373, Charles V prit une mesure plus rigoureuse, il contraignit chaque famille à acheter aux greniers royaux, tous les trois mois, une quantité de sel calculée d'après ses besoins présumés par les officiers de la gabelle. Les manquements à cette ordonnance étaient sévèrement réprimés par les greniers à sel qui avaient, en cette matière, un droit de juridiction absolu. La justice de la gabelle était composée de contrôleurs pour le roi, de conseillers, d'un procureur fiscal, d'un greffier et de sergents. Il y eut même des archers qui étaient chargés d'exercer une active surveillance et d'appréhender les délinquants (1).

Les façons inquisitoriales des agents de cette administration, les amendes fréquentes et les peines sévères que prononçait le grenier à sel rendirent cette juridiction odieuse. Bien que réunie en 1685 au tribunal de l'Élection, ses jugements n'en furent pas plus doux.

La gabelle fut supprimée par Décret de l'Assemblée Constituante le 10 mai 1790.

Pogny, par les habitants du lieu, pour être autorisés à vendre une partie de leurs communaux afin de se procurer la somme nécessaire. Requête du 4 septembre 1505.

(1) Nous trouvons dans un acte de 1609 le nom de Nicolas Fourquet, capitaine des archers de la gabelle en Champagne, demeurant à Châlons.

BUREAU DES FINANCES. — Outre ses attributions administratives, le bureau des finances constituait une juridiction qui connaissait de tous différends concernant le domaine du roi, comme de justice féodale, quints et requints, reliefs, rachats, droits d'aubaine, bâtardise, déshérence, francs-fiefs et nouveaux acquêts, amortissements, anoblissements, droits de tabellionnage, scel aux contrats, banalité, poids et mesures, étalonnages, barrages, péages, foires et marchés, mines et minéraux, trésors trouvés, îles et atterrissements, et de toutes amendes et confiscations adjugées au roi par justice.

TRAITES FORAINES. — SUBDÉLÉGATION DU PRÉVÔT DES MARCHANDS DE PARIS. — Nous devons citer aussi, pour être complet, le bureau des Traites-foraines, où se percevaient les droits dûs sur les marchandises étrangères et où se jugeaient les différends y relatifs, et encore la subdélégation du prévôt des marchands de Paris qui percevait certains droits sur la navigation et sur les gens de rivière.

JUSTICE ROYALE.

Jusqu'au milieu du XVIe siècle, il n'exista point de justice royale à Châlons. Les appels des justices seigneuriales étaient portés, selon les cas, soit devant le bailli de Vermandois, soit devant le parlement de Paris, soit, pendant quelques années, devant le siége particulier de Vermandois créé à Reims en 1528.

Le bailli de Vermandois entretenait cependant à Châlons,

qui dépendait de son ressort, un lieutenant et garde scel (1), deux sergents et des clercs tabellions appelés plus tard notaires royaux. Ce lieutenant de Vermandois n'avait pas de siége à Châlons, il se bornait à faire exécuter les commissions qui lui étaient adressées.

Il existait près de Châlons une prévôté royale dite de Compertrix (2), dépendant de la prévôté de Sens, dont l'action s'exerçait sur un territoire qui, partant des limites de Châlons sur la rive gauche de la Marne, s'étendait vers Troyes. Il existait aussi hors la ville une autre justice dite : Prévôté foraine de Sarry; enfin les prévôts des maréchaux, courant les grands chemins et les campagnes, capturaient les malfaiteurs et les vagabonds et en faisaient prompte justice. On voit que si la justice royale rayonnait autour de Châlons, elle n'exerçait point dans la ville.

En 1543, par Édit de décembre, le roi François Ier, voulant mettre la justice plus à la portée des justiciables, créa à Châlons, comme il l'avait fait pour Reims en 1528, un siége particulier du bailliage de Vermandois. A ce siége devaient être jointes les prévôtés de Compertrix et de Sarry, toutefois, celle de Compertrix ne fut pas éteinte mais annexée au siége créé, et jusqu'en 1639 elle continua de fonctionner à Châlons sous son ancienne dénomination.

Ce premier tribunal royal ne comportait qu'un modeste personnel : un lieutenant particulier, deux enquêteurs, un avocat du roi, un procureur fiscal et un greffier. Peu après il y eut en outre deux conseillers, dont le plus ancien

(1) De 1368 à 1388, le lieutenant et garde scel de Vermandois était Me Jehan Marguel, chanoine de Saint-Jean de Vertus, curé bénéficiaire de l'église Saint-Alpin en 1378 et chanoine de la Trinité en 1388. — En 1172, le lieutenant de Vermandois à Châlons était Jehan le Folmarié, seigneur de Loisy.

(2) En 1420, Gérard Le Sayne, titulaire de l'emploi, prend le titre de grand justicier de Compertrix.

remplaçait le lieutenant particulier en cas d'empêchement. Enfin les deux sergents du bailliage de Vermandois exerçant à Châlons depuis une époque très-reculée furent portés à huit. — Ce siége particulier connaissait des cas royaux et de toutes matières dont la première connaissance appartenait aux juges royaux, ressortissant plein-moyen des cours souveraines, et des appellations de la prévôté, des maïeurs et juges subalternes du ressort.

Il fut installé dès la fin de décembre 1543 dans une des salles de la maison commune dite hôtel du Saint-Esprit (1), et ce tribunal subsista sans changement appréciable jusqu'en 1639, époque de l'établissement d'un siége présidial à Châlons (2).

Un édit du 3 avril 1630 créait à Châlons un bailliage présidial avec un ressort très-étendu. Aux termes de l'édit, ce tribunal devait connaître « des appellations de toutes les justices inférieures, tant de la ville de Chaalons que de la prévosté de Compertrix, même des appellations des jugements rendus au bailliage, comté et eschevinage de la temporalité de l'évesché de Chaalons, excepté des causes du domaine dudit évesché et des matières qui ressortissent directement en nostre cour de Parlement; ensemble la justice du duché de Bar ressortissant au bailliage de Sens,

---

(1) 1543, 28 décembre. — « Claude Rollet, au nom et comme lieutenant de M' le bailli de Vermandois au siége nouvellement érigé à Chaalons, présente l'Édit d'érection dudit siége et ses lettres de provision. Ce fait, a demandé qu'on lui prestât une partie du lieu du Sainct Esprit pour y tenir son siége. » (Registres du Conseil de Ville.)

(2) On lit dans l'historien Buirette et dans quelques modernes qu'un Édit de janvier 1551 (1552 nouveau style) créa à Châlons un siége présidial, au lieu et place du siége particulier établi en 1543. C'est une erreur : l'édit de janvier 1552 ne créa des présidiaux dans la province qu'à Reims, Sens, Troyes, Vitry, Chaumont, Meaux, Provins et Château-Thierry, et le siége de Vermandois subsista jusqu'en 1639.

avec les prévostés de Ligny, Gondrecourt, Lamarche, Pierresans, Souilly, Stainville, Montier-sur-Saulx, bailliage de Vertus, prévosté et justice royale de Sainte-Ménehould, toutes lesquelles villes, ressorts et justices subalternes ont esté distraites et séparées des bailliages et siéges présidiaux de Vermandois, d'Épernay, Reims, Sens et Vitry-le-François, pour doresnavant et à toujours demeurer et ressortir audit bailliage et siége présidial de Chaalons, où nous voulons que tous nos subjetz desdits lieux, tant ecclésiastiques et gentilshommes que autres, aient à se pourvoir pour toutes les causes et matières tant civiles que criminelles en première instance ou par appel. »

Sur l'opposition des officiers des présidiaux voisins, qui se trouvaient atteints par cette mesure, l'édit ne fut pas mis à exécution.

Un autre édit d'octobre 1637, enregistré et vérifié le 31 août 1638, créa de nouveau un présidial à Châlons, auquel il attribua à peu près le même ressort. La prévôté de Compertrix fut alors supprimée et jointe à ce tribunal.

Cette création ne s'effectua pas sans résistances; les protestations qui s'étaient produites en 1630 se renouvelèrent, notamment de la part des seigneurs temporels de la ville qui voyaient leur pouvoir diminué, et des bailliages de Sens, d'Épernay et de Vitry, dont le ressort se trouvait considérablement réduit; mais il fut passé outre, et le 27 juin 1639 deux conseillers du roi, députés commissaires de Sa Majesté, procédèrent à l'installation officielle du nouveau tribunal.

Le Présidial siégea d'abord au couvent des Jacobins, dans la salle où la chambre du Parlement avait tenu ses audiences de 1589 à 1594 (1), et ensuite à l'hôtel de ville.

_____

(1) Nous n'avons pas cru devoir parler de l'installation de cette chambre de

Si le siége particulier de Vermandois, établi à Châlons en 1543, avait fonctionné avec un personnel fort modeste, il n'en fut pas de même du Présidial qui fut organisé avec un véritable luxe : bailli d'épée, conseillers présidents, lieutenant général civil, lieutenant général criminel, lieutenant particulier, assesseurs, quinze conseillers ordinaires, garde des sceaux, procureur, substituts et avocats du roi, clerc de l'audience, receveur des amendes, du domaine, des épices et des consignations, payeurs et contrôleurs, enquêteurs, adjoints aux commissaires examinateurs, greffiers, clercs civils et criminels, etc., au total soixante-deux magistrats et officiers de justice non compris 25 sergents et 6 archers (1).

« Plusieurs habitants ont remonstré, disait l'édit de création dans ses considérants, le peu d'ordre qui de tout temps a esté dans l'observation de la justice à Chaalons et les perpétuelles contestations qui sont entre ceux qui l'exercent. » L'établissement du Présidial ne remédiait en aucune façon à cet état de choses, car le véritable défaut consistait dans la trop grande abondance de juridictions, source de difficultés continuelles et de conflits sans nombre. Si, pour parer au mal, on créait une justice royale supérieure à Châlons, il falloit en même temps supprimer les justices seigneuriales, ou tout au moins réduire leur action aux affaires de peu d'importance au civil et de simple police au criminel, et délimiter rigoureusement leur com-

parlement à Châlons, dont le séjour, essentiellement temporaire, était motivé par les troubles de la Ligue. Nous devons dire toutefois qu'elle rendit, au criminel, plusieurs sentences capitales qui furent exécutées à Châlons.

(1) La Corporation des huissiers et sergents comptait, d'après une pièce de 1617, quarante-huit confrères à Châlons. Tout ce monde, qui avait acquis son office à prix d'argent, vivait aux frais des justiciables.

étence, ce qui ne fut pas fait. Aussi les contestations urent-elles aussi fréquentes que par le passé.

Nous voyons en 1644 et en 1740 l'évêque comte de Châlons protester contre de prétendus empiétements de la justice royale sur la justice de la comté-pairie, et obtenir du Conseil privé des arrêts qui le maintiennent dans la possession de ses droits. — Au criminel, le présidial auquel appartenait la connaissance des *cas royaux*, expression fort élastique, auxquels une grande partie des délits pouvaient être rattachés ou assimilés, était parvenu à annihiler presque totalement la haute justice des bans du Chapitre, de Saint-Pierre et de Toussaint, qu'il considérait comme justices inférieures ou foraines et sur lesquelles il exerçait un droit de prévention. Il n'en fut pas de même de l'antique prévôté et échevinage, tribunal criminel de la comté-pairie, que l'évêque sut maintenir dans ses attributions jusqu'à la Révolution. Toutefois ce ne fut pas sans de nombreux conflits, et dans la pratique on en était arrivé à adopter cette mesure au moins singulière, que le premier qui instrumentait saisissait la juridiction.

La création de 1639, jointe au maintien des justices seigneuriales, ne fut d'aucun profit pour les justiciables, qui se trouvèrent alors obligés de porter leurs causes devant le bailliage seigneurial en première instance et en appel au Présidial, ce qui leur occasionnait doubles frais. De plus, les magistrats présidiaux ayant acquis leurs charges à prix d'argent et ne recevant pas de gages du trésor public, sauf un fort petit nombre auxquels on payait annuellement une somme dérisoire, se faisaient rémunérer par les plaideurs à l'aide de taxes de dépens qu'aucune ordonnance n'avait fixées et qui par conséquent étaient arbitraires et souvent excessives. Seul le trésor royal gagnait à une telle organisation en encaissant le prix des offices ; aussi les multipliait-il à tout instant, créant ainsi de véritables sinécures dont les justiciables faisaient tous les frais. Il y avait encore un autre abus, c'est que les magistrats et officiers de justice des juridictions royales étaient exempts de l'impôt des tailles qui retombait tout entier à la charge des autres habitants. De plus, les officiers de toutes les juridictions, royales ou seigneuriales, étaient pour la plupart originaires du pays. Ils avaient dans la ville des attaches, des liens de parenté séculaires et, par cela même, étaient souvent influencés par des intérêts ou des rancunes de famille, ce qui pouvait faire suspecter leur impartialité.

En ce qui touche les inconvénients résultant de la coexistence à Châlons des justices seigneuriales et de la justice royale, ils sont ainsi exposés dans un mémoire dressé en 1764 et envoyé aux commissaires du bureau de législation à Paris : « La confusion de toutes ces justices ne se peut exprimer ; leur distribution ne garde aucun ordre, leur district va d'un bout de la ville à l'autre, saute de quartier en quartier, souvent pour une seule maison et quelquefois pour une partie de maison réputée en dépendre ; leurs droits, leurs prétentions, est un labyrinthe impénétrable, source éternelle de mille conflits de juridiction. Il n'y a pas de ville dans le royaume où la police soit plus négligée. »

Ce mémoire concluait à la suppression des justices seigneuriales pour remettre toutes leurs attributions au Présidial ; mais c'était là une grosse réforme que le bureau de législation n'osa point aborder, et les choses restèrent en l'état jusqu'en 1789.

Il exista aussi à Châlons, de 1771 à 1774, un Conseil

supérieur ou cour de parlement destinée à remplacer la Chambre du parlement de Paris, devant laquelle étaient habituellement portés les appels des bailliages de la province. Ce Conseil supérieur ne valut à la ville de Châlons que le spectacle d'atroces exécutions, notamment celle de quatre criminels convaincus d'assassinat à Ceffonds. Ce procès criminel, venu en appel du bailliage de Chaumont, nécessita 7,138 rôles d'écritures, ce qui donne une idée de la complication de la procédure à cette époque et des frais excessifs qu'elle occasionnait.

PRISONS ROYALES. — Jusqu'en 1543, il n'y eut pas de prisons royales à Châlons, puisque la justice royale n'y avait pas de siége. Lorsqu'il y avait lieu de faire incarcérer quelque personne pour une juridiction relevant du roi (Maréchaussée, Élection, Grenier à sel, commission d'un bailliage royal, Cour des aides), elle était provisoirement écrouée dans les prisons de l'évêché. Un siége particulier de Vermandois ayant été créé à Châlons par un édit de décembre 1543, des prisons royales furent aussitôt établies, mais nous ne savons en quel lieu ; peut-être dans la tour du roi, qui faisait partie des fortifications et qui était située près de la porte Marne, peut-être dans la tour Maudite, qui flanquait à gauche le château Saint-Antoine, et dans laquelle Louis de Corquillerays avait, en 1492, fait incarcérer certains habitants et qu'il prétendait prison royale. Toutefois, si l'emplacement de cette première prison ne nous est pas connu, nous savons le nom du geôlier, ce qui prouve que la prison existait (1).

En 1572 ces prisons furent installées dans l'hôtel commun

---

(1) Quentin Barthélemy dit Daulphin, décédé en 1570, en son vivant geôlier des prisons de Châlons. Acte notarié du 17 février 1572.

de la ville, dit hôtel du Saint-Esprit (1). Le Présidial, institué en 1639, conserva ce même local, qui subit à diverses
époques certaines modifications dans sa construction et son
aménagement intérieur. En 1769, lorsque l'ancien hôtel de
ville fut démoli pour être reconstruit, les prisons furent
également abattues, et pendant la durée de la reconstruction l'on se servit de prisons temporaires installées
aux Cordeliers et aux Jacobins (2).

Conformément à une ordonnance du 14 février 1499,
la geôle était donnée à ferme au profit du roi (3). En 1643
le geôlier-buvetier, office créé par l'édit d'érection du
Présidial, dut, outre sa ferme, payer une lettre de commission taxée à 600 livres plus 21 livres pour le droit du
marc d'or. — Les exactions commises par les geôliers
donnèrent lieu à de si nombreuses réclamations qu'en
1724 ils furent dispensés de payer tout fermage et ils
reçurent alors des gages.

Aux termes des ordonnances de 1485, 1535 et 1670,
les prisonniers ne recevaient que du pain, de l'eau et de
la paille. Le pain qui leur était distribué était dit : *le pain
du roi.* Le détenu pouvait toutefois, de ses deniers, se
procurer près du geôlier une autre nourriture; ceux qui
n'avaient rien devaient s'en contenter.

Malgré leur réputation de rudesse, il s'est rencontré à
Châlons plus d'un geôlier compatissant; plusieurs faisaient
crédit aux prisonniers qui, manquant d'argent comptant,
possédaient cependant quelque bien pour répondre de leur

(1) Conclusions du Conseil de ville des 23 mai 1572 et 27 juillet 1573.
(2) Archives départementales, série C, n° 518. — Après 1780, ce local servit
de maison d'arrêt. Démoli en 1877, c'est sur son emplacement que furent
élevés une école primaire et le nouveau musée.
(3) En 1500 elle fut adjugée par les trésoriers de France à Châlons, pour
trois ans moyennant 80 écus-sol, soit 210 livres par an.

dette. Il nous est tombé sous les yeux un certain nombre d'engagements notariés datés de 1580 à 1650, et souscrits par des détenus, promettant de payer certaines sommes à la Saint-Remy ou à la Saint-Martin prochaine pour aliments et frais de couchage à eux fournis. C'était à peu près ce qu'au Châtelet de Paris et ailleurs on appelait *la pistole.*

Dès le XV⁰ siècle, à Châlons, la Confrérie Dudit-Denier venait en aide aux prisonniers pauvres, mais elle ne leur donnait que du pain; « On en donne, disait l'article 12 de ses statuts, aux hospitaulx et prisonniers grant quantité et selon l'aisance de ladicte confrarie. » Dans les premières années du XVIIIᵉ, les paroisses de Saint-Germain et de Saint-Alpin, et plus tard de Notre-Dame, furent tenues, nous ne savons par quelle autorité, de donner une soupe par semaine aux prisonniers pauvres; cette dépense était dite : *le pot des prisonniers;* il y était pourvu par des quêtes et par les fonds de la fabrique en cas d'insuffisance.

Quelques revenus fixes, provenant de dons charitables, vinrent alléger cette charge. En 1736, un M. Raussin donna pour cet objet 60 livres de rente; en 1737, un M. Diacre donna 20 livres de rente; M. de Parvilliez 100 livres en 1747; et enfin, en 1756, M. Millon, trésorier de France, donna 150 livres de rente; soit au total un revenu de 330 livres. Mais la dépense s'élevait beaucoup plus haut et obligeait les paroisses à d'assez lourds sacrifices.

Les prévenus accusés de crimes devaient être rigoureusement tenus au pain et à l'eau, sous peine pour les geôliers de perdre ce qu'ils leur donneraient de plus; mais il était avec la justice et la geôle des accommodements, en payant double on pouvait obtenir quelque supplément à ce maigre régime.

PRÉVOTÉ DE LA MARÉCHAUSSÉE. — Bien que la compétence des prévôts des maréchaux ait été déterminée par
diverses ordonnances, notamment sous François Iᵉʳ et sous
Louis XIV, en 1670, on ne sait pas à quelle époque cette
juridiction fut établie, on ne trouve à ce sujet aucun édit
d'institution; on sait cependant, par une sentence de l'an
1316, dont il fut fait appel au parlement, qu'elle existait à
cette date.

Les lieutenants du prévôt des maréchaux devaient faire
le procès à tous vagabonds, gens sans aveu et sans domicile, et punir, en des cas déterminés, certains crimes
commis par des personnes domiciliées.

Ils devaient battre la campagne avec leurs archers, dans
leur circonscription, pour prévenir et empêcher les dé-
sordres ou les punir et purger les campagnes de vagabonds
et de brigands.

Les cas dont ils pouvaient connaître dans les villes de
leur résidence, en dernier ressort et concurremment avec
les présidiaux, étaient :

1° Les crimes commis par les vagabonds, gens sans
aveu et sans domicile déjà condamnés antérieurement à
une peine corporelle, au bannissement ou à l'amende
honorable.

2° Les oppressions, excès ou autres crimes commis par
les gens de guerre.

3° Les désertions, assemblées illicites avec port d'armes,
levée de gens de guerre sans commission du roi, et vols
sur les grands chemins.

Ils connaissaient aussi, mais hors des villes de leur
résidence seulement, des vols avec effraction, port d'armes
et violences publiques, sacrilèges avec effraction, assas-

sinats prémédités, séditions, altération de monnaies contre toutes sortes de personnes.

Ils ne pouvaient informer de crimes commis dans les villes de leur résidence quand ils étaient imputables à des gens domiciliés, toutefois, à l'égard des vagabonds et coupeurs de bourses qui suivaient habituellement les foires et les marchés, ils pouvaient les saisir et les juger partout. C'était la justice expéditive par excellence; vagabonds, aventuriers, déserteurs, détrousseurs de grand chemin, étaient par eux jugés sommairement, en dernier ressort et sans appel (1).

JUGES ET CONSULS. — La justice consulaire était royale, et, comme de nos jours, elle ne s'exerçait que de marchand à marchand. Elle fut créée partout, suivant un·édit de novembre 1563, et installée à Châlons le 2 mars 1565 (2).

Bien que ce tribunal n'ait jamais eu de compétence au criminel, nous ne pouvons nous dispenser d'en faire mention pour compléter l'énumération des juridictions locales.

JURIDICTION DE L'INTENDANT. — Au-dessus de toutes ces justices dominait celle de l'Intendant, premier et principal magistrat de la province. Il avait le droit d'entrer en tous lieux où se rendait la justice et d'y présider. Nous le

(1) Par lettres du 18 juillet 1521, datées du camp d'Attigny, le duc d'Alençon mandait à Guillaume de Brague et Robert de Brisebarre, archers de la garde du roi, alors à Châlons, « qu'ils ayent à se transporter en force à l'environ dudit Chaalons sur les passages, qu'ilz saisissent au corps les piétons aventuriers qu'ils trouveront avoir habandonné ledit camp et les mettent ès mains des prévotz des maréchaux pour en faire pugnition telle que les autres y prennent exemple ». On savait ce que cela voulait dire. (Registres du Conseil de ville. 20 juillet 1521.)

(2) Conclusions du Conseil de ville du 2 mars 1565.

voyons, à diverses dates, prononcer, avec l'assistance des juges du bailliage local, certaines sentences emportant peine capitale, des galères, du carcan et du bannissement, contre des contrebandiers armés, faux-sauniers, déserteurs et autres criminels (1). Il agissait ainsi lorsqu'il croyait de son devoir de stimuler le zèle des magistrats et de faire sentir son action par une justice sévère et rapide destinée à servir d'exemple.

Telle était l'organisation judiciaire dans la ville de Châlons sous l'ancien régime. On aurait peine à croire à une pareille complication si des pièces authentiques n'établissaient qu'il en était réellement ainsi. Ces nombreuses juridictions fonctionnant en un même lieu présentaient, on le conçoit, des inconvénients sérieux; leurs empiétements réciproques suscitaient à tout instant des embarras, créaient des conflits sans nombre, source de procès interminables qui souvent ne pouvaient recevoir de solution. Nous en avons parlé plus haut.

Mais c'était surtout avec les justices inférieures que ces conflits prenaient un exceptionnel caractère d'acuité. Pour n'en citer qu'un exemple, nous voyons en 1609 un officier de justice royale disputer un accusé d'homicide à la justice locale et faire rompre les portes à force ouverte pour enlever le prisonnier. Le seigneur justicier réclama contre cette violence et demanda que les portes de ses prisons fussent rétablies, et, les fractures réparées, que le coupable y fût ramené pour être jugé par sa justice (2).

Pendant le débat que devenait le prisonnier? Il gémissait

(1) Sentences des années 1671, 1683, 1710, 1718, 1736. Archives départementales. Fonds de l'Intendance.
(2) Archives de l'abbaye de Saint-Pierre au Mont.

dans les cachots et trouvait sans doute qu'il était bien inutile de disputer autant à son sujet; il savait qu'il n'échapperait pas au gibet, peu lui importait donc d'être pendu par l'une ou l'autre justice, à moins qu'au cours des divers transferts qu'on lui imposait il ne trouvât le moyen de s'échapper, ce qui arrivait quelquefois.

Que dire d'ailleurs de ces justices seigneuriales données à ferme au plus offrant, quelquefois pour quelques écus et un porc gras, le tout payable à Noël (1), et dont le titulaire était le plus souvent un paysan ignorant chargé pourtant de rendre la justice tant au civil qu'au criminel? L'intendant Le Pelletier nous en donne en 1740 un tableau très-fidèle et fort curieux : « Il est certain, dit-il, que la justice s'y rend presque toujours mal. Les juges pour la plupart sont, ou entièrement ignorants, ou des demi-praticiens presque aussi dangereux; les procureurs fiscaux ne sont pas plus savants. Tout le reste se suit jusqu'aux sergents qui sont incapables d'exploiter; au moyen de quoi le procureur fiscal ne sait très-souvent ce qu'il doit conclure, le juge ignore ce qu'il décidera, le greffier ne peut rédiger la sentence, ce qui cause dans les plus petites affaires des nullités sans fin.... Si les juges réussissent si mal dans les affaires civiles, ils sont bien autrement sujets à pécher dans les affaires criminelles : aussi ne s'en mêlent-ils plus guère aujourd'hui. La plupart des seigneurs évitent avec attention que leurs officiers fassent aucune procédure extraordinaire, ce qui procure l'impunité des crimes et cause un désordre infini dans les campagnes (2). »

Un tel état de choses réclamait des modifications pro-

(1) Justice de Chéniers. 2587.
(2) Citation extraite de l'Inventaire des archives départementales. — Introduction par M. Pélicier, archiviste, p. xii.

fondes, tout le monde le sentait et n'hésitait pas à le dire. Ce fut en vain; cette organisation compliquée et défectueuse tenait à l'édifice féodal sur lequel on n'osait porter la main; il y avait trop d'intérêts engagés pour qu'une sérieuse réforme pût être tentée par la monarchie; la Révolution put seule l'accomplir.

LES PEINES

CHAPITRE II.

LES PEINES.

———

Nous n'avons pas l'intention de refaire ici l'historique des pénalités anciennes et des formes de la procédure criminelle dans les siècles passés. Ce travail est hors de notre compétence, et de plus il a été fait.

Nous nous bornerons à indiquer quelles étaient les peines édictées et dans quelle mesure elles étaient appliquées dans la contrée, notamment à Châlons. Nous serons d'autant plus bref que les archives criminelles antérieures au XVIIe siècle n'existent plus et que c'est d'une façon tout à fait incidente que nous avons trouvé le texte ou l'analyse de quelques sentences des XIVe, XVe et XVIe siècles propres à nous renseigner sur ce sujet.

Nous connaissons deux décrets des rois Clotaire et Hildebert, datés des années 542 et 545, et quelques capitulaires de Charlemagne sur la répression de certains crimes (1), mais il existe une codification pénale plus

(1) Baluze en donne le texte dans son : *Regum Francorum capitularia.* Paris, 1677.

complète et qui a laissé plus de traces dans la répression
criminelle de l'ancien régime; elle est connue sous le nom
d'*Établissements de Saint Louis,* bien que le roi Louis IX
n'y ait eu aucune part (1). Voici quelles étaient les peines
que cette loi édictait :

« Celui qui, sur un chemin ou dans un bois, soit de
jour soit de nuit, dépouillait le passant, devait être pendu,
son corps traîné sur la claie; ses meubles étaient confisqués au profit du baron ou seigneur justicier, et s'il avait
d'autres biens, sa maison devait être abattue et brûlée, ses
prés incendiés, ses vignes arrachées et les arbres tranchés.

« Celui qui dérobait un cheval ou une jument ou qui
incendiait une maison la nuit était pendu.

« Celui qui dérobait quelque chose dans un monastère
ou qui fabriquait de la fausse monnaie perdait les yeux.

« Celui qui dérobait un soc de charrue, vêtements,
deniers ou autres menues choses, devait perdre l'oreille
pour le premier méfait; s'il commettait un second larcin
il perdait le pied, la troisième fois il était pendable.

« Le vol domestique était puni de la hart.

« Les femmes qui tenaient compagnie aux voleurs de
grand chemin étaient brûlées vives (2), même lorsqu'elles
ne volaient pas. Les recéleurs devaient être pendus,
comme les meurtriers et les voleurs.

« L'homicide et le rapt étaient punis de la hart.

« Si un gentilhomme confiait une fille en garde à un

(1) Laurière, dans la publication des Ordonnances des rois de France, émet
déjà dans sa préface des doutes à cet égard. De nos jours, M. P. Viollet,
professeur à la Faculté de droit de Paris, a démontré que les Établissements
ne sont autre chose qu'une compilation des coutumes de la Touraine, de l'Anjou
et de l'Orléanais, sans caractère officiel.

(2) La coutume de l'Anjou prescrivait de les enfouir, c'est-à-dire de les
enterrer vivantes.

autre gentilhomme et que celui-ci la mît à mal du consen-
tement de la fille, et que le fait fût prouvé, il perdait son
fief; si c'était par violence, il était pendu.

« S'il arrivait par malechance à une femme d'étrangler
ou d'étouffer son enfant, elle n'était point punie pour le
premier, mais seulement remise à l'église pour les peines
canoniques; mais si elle en tuait un autre elle devait être
brûlée vive.

« Le gentilhomme qui portait la main sur son seigneur
perdait son fief; si c'était un roturier et qu'il n'eût pas été
frappé par le seigneur auparavant, il perdait le poing.

« Le marchand qui vendait à fausse mesure était puni
de soixante sols d'amende. S'il vendait de faux draps, ils
étaient saisis et brûlés au marché et le marchand payait la
même amende; mais s'il était prouvé que lui-même eût
fabriqué ces draps vicieux, il perdait le poing comme
faussaire et larron.

« Si un homme soupçonné de meurtre, de larcin ou de
quelqu'autre grand méfait emportant peine de mort venait
à s'évader de la prison, il devait être considéré comme
coupable du crime, *quand bien même il ne l'eût point
commis,* et s'il était repris il devait être pendu.

« Si un homme en menaçait un autre en justice et que
celui-ci ayant demandé « assurement »(1) l'autre refusât
de le lui accorder, il était réputé coupable de toutes les
violences qui pouvaient être commises contre l'homme
menacé, comme s'il les avait commises lui-même. Si le
menacé était tué, l'autre était pendable *comme s'il eût
commis le crime.*

(1) Promesse formelle de ne causer aucun dommage au menacé, ni dans ses
biens ni dans sa personne.

4

« Les incrédules et les hérétiques devaient être condamnés au feu et leurs biens confisqués au profit du baron.

« Hors les cas de mort subite, lorsqu'un homme mourait
sans se confesser, ses biens meubles étaient confisqués au
profit du seigneur. Il en était de même des suicidés et des
usuriers. »

Bien que le roi Louis IX ait, par une ordonnance de
1260, aboli les duels judiciaires, on les trouve cependant
réglementés dans les Établissements qui sont de 1270;
nous n'en dirons qu'un mot. Dans ces duels, si l'accusateur
était roturier et l'accusé noble, le gentilhomme combattait
à cheval s'il le voulait et l'autre à pied. Mais si le gentilhomme était l'accusateur, tous deux combattaient à pied.
Dans l'un et l'autre cas celui qui était vaincu était pendu (1).

Selon l'ancien droit de France, le combat pouvait avoir
lieu par champions, dans ce cas le champion vaincu avait
le poing coupé.

Des peines sévères furent à toute époque prescrites
contre les blasphémateurs. Philippe-Auguste avait coutume, dit-on, de leur imposer vingt sols d'amende, ou,
s'ils ne les avaient pas, de les faire jeter à l'eau, sans péril
de mort.

Le roi Louis IX, par une ordonnance de 1269, imposa
pour ce délit des amendes qui pouvaient s'élever jusqu'à
40 livres; si le délinquant était trop pauvre pour payer,
il était mis au pilori pendant une heure et tenu ensuite en
prison pendant six ou huit jours au pain et à l'eau. Si le
coupable avait moins de quatorze ans, il était battu de
verges.

---

(1) On voit qu'au XIII⁰ siècle le noble condamné à mort subissait la peine
de la hart comme le roturier. Ce n'est que plus tard qu'une distinction fut
établie et que la décapitation fut réservée aux personnes nobles.

L'Ordonnance du 22 février 1347, de Philippe VI, est plus rigoureuse :

« C'est à scavoir, dit ce document, que celuy ou celle qui de Dieu ou de la Vierge Marie dira ou mal jurera le vilain serment, sera mis pour la première fois au pillory, et y demeurera depuis l'heure de prime jusques à l'heure de nonne; et lui pourra-t-on jetter aux yeux boue ou autre ordure, sans pierres ou autres choses qui le blessent, et après ce, demeurera au pain et à l'eau sans autre chose.

« A la seconde fois, si par adventure il advenoit qu'il rechust, nous voulons qu'il soit mis audit pillory au jour de marché solemnel et qu'on lui fende la lèvre de dessus d'un fer chaud et que les dents lui apparoissent.

« A la tierce fois la lèvre de dessous, et à la quarte toute la bas-lèvre.

« Et si par meschéance il lui advenoit la quinte fois, Nous voulons et ordonnons qu'on luy coupe la langue tout outre, si que dès lors en avant, il ne puisse dire mal de Dieu ne d'autres. »

Le blasphème devait être dénoncé par ceux qui l'entendaient, sous peine de soixante livres d'amende.

Presque tous les rois renouvelèrent ces ordonnances avec quelques variantes. François Ier, en 1523, aggrava la peine et prescrivit qu'après avoir eu la langue coupée les blasphémateurs fussent pendus et étranglés. En 1668, Louis XIV renouvela ces ordonnances; ce fut la dernière sur cet objet.

De nombreuses prescriptions vinrent successivement compléter et augmenter l'arsenal des lois pénales, et, fait digne de remarque, c'est que la répression, loin de s'adoucir avec les siècles, augmenta progressivement ses rigueurs.

En 1534, François Ier ordonna que les détrousseurs et voleurs de grand chemin fussent punis du supplice de la roue (1). En 1547, le roi Henri voulut que cette peine fût appliquée à tous meurtriers et assassins, tant gentilshommes que roturiers. Elle resta en usage jusqu'à la révolution (2).

Les faux monnayeurs qui, selon les Établissements de 1270, ne devaient perdre que les yeux, subirent la peine de mort (1475), ainsi que les rogneurs d'écus altérant les monnaies (1536). Les banqueroutiers devaient être mis au carcan et faire amende honorable (1536). L'ivresse devait être réprimée pour la première fois par quelques jours de prison au pain et à l'eau, la seconde fois par le fouet dans la prison, la troisième fois le coupable était fustigé publiquement; s'il était incorrigible, on devait lui couper l'oreille et le bannir (1536). Les coupables de délits de chasse insolvables, hors d'état de payer l'amende, devaient être battus de verges jusqu'à effusion de sang et punis de la hart en cas de récidive (1515). Les criminels de lèse-majesté étaient punis par l'écartèlement, supplice qui consistait à tirer le condamné à quatre chevaux jusqu'à ce que les membres fussent détachés du tronc. Le vol dans les

(1) Les bandes d'aventuriers et détrousseurs étaient si nombreuses qu'en 1523 une ordonnance avait déclaré ennemis publics « les aventuriers, pillards, oppresseurs et mangeurs du pain du peuple, les capitaines, lieutenants, sergents de bandes et autres qui les mènent, avec pouvoir à chacun de leur courir sus, de les détruire et tailler en pièces. »

(2) Voici comment l'Ordonnance de janvier 1531 décrit ce supplice : « C'est à savoir que les bras leur seront brisez et rompuz en deux endroits tant haut que bas, avec les reins, jambes et cuisses, et mis sur une roue haute plantée et eslevée, le visage contre le ciel, où ilz demeureront vivans pour y faire pénitence tant et si longuement qu'il plaira à Dieu les y laisser, et morts jusqu'à ce qu'il en soit ordonné par justice, afin de donner crainte, terreur et exemple à tous autres de ne choir en tels méfaits: avec défense sur semblable peine, à toutes personnes, de toucher, secourir ou ayder lesdis condamnés, lesdites exécutions ainsi faites, en quelque manière que ce soit. »

églises était puni de mort. Si les objets volés consistaient
en vases sacrés, le coupable subissait toute une série de
peines : il devait faire amende honorable devant l'église,
en chemise, la corde au col, une torche ardente à la
main, et il y avait le poing coupé; il était ensuite pendu
et son corps jeté au feu. Le sacrilége simple, c'est-à-dire
la profanation des choses sacrées, était puni des mêmes
peines (1).

Les sorciers, magiciens, devins, enchanteurs, étaient le
plus souvent pendus et leur corps brûlé; quelquefois, selon
la gravité de leurs maléfices, ils étaient brûlés vifs (2).

Vers l'an 1530 apparut une peine nouvelle : celle des
galères. On y expédia les criminels qui auparavant étaient
condamnés à la perte de l'oreille, au fouet et au bannissement. A partir de cette époque, il y eut peut-être un
peu moins de pendus, de bannis et d'essorillés, mais les
galères devinrent le cloaque où aboutissaient toutes les
misères du bas-fonds social. Sous Henri II, Louis XIV
et Louis XV, les vagabonds, gens sans aveu et mendiants
étaient à tout instant ramassés et expédiés aux galères
sans autre forme de procès. Cette peine emportait la flé-
trissure; le condamné était au préalable marqué au fer
chaud des lettres G. A. L. C'est cette peine rigoureuse et
infamante que, par une ordonnance d'avril 1686, le roi

(1) En 1825, le gouvernement de la Restauration rétablit en partie ces
pénalités anciennes par une loi sur le sacrilége et sur le vol sacrilége, avec
peine de mort et amende honorable devant l'église dans certains cas. Elle fut
abrogée en 1830.

(2) Sous Charles IX on comptait, dit-on, 30,000 sorciers à Paris. De Lancre,
conseiller au Parlement de Bordeaux en 1619, en fit exécuter 500 en une
seule année. En 1672, le Parlement de Rouen ayant fait arrêter quantité de
bergers et d'autres gens réputés sorciers et commencé leur procès, le roi, par
un arrêt du Conseil, les fit tous relâcher, et depuis ce temps on n'entendit
plus parler de sorciers en Normandie. (DE FERRIÈRES, *Dictionnaire de droit*, 1761.)

Louis XIV prescrivit contre les protestants ayant fait abjuration qui, venant à tomber malades, refuseraient les sacrements; dans le cas où ils recouvraient la santé, les hommes devaient être condamnés aux galères, les femmes à faire amende honorable et à la réclusion. En cas de décès, le procès devait être fait aux cadavres et les biens confisqués (1).

Enfin il était une autre peine que la plupart des accusés devaient se résigner à subir, surtout lorsqu'ils étaient innocents; c'était la *question* ou *géhenne*. Elle se donnait par l'eau, le brodequin, la sellette et autres moyens, selon les usages locaux (2). En Angleterre, la question fut abolie dès le commencement du XVIIIe siècle. En France, bien qu'elle fût considérée comme un dangereux moyen de parvenir à la connaissance de la vérité, capable de perdre un innocent de complexion délicate et de sauver un coupable robuste, ce que plusieurs erreurs judiciaires avaient démontré (3), on continua d'y appliquer les accusés. Elle ne fut abolie qu'à la veille de la Révolution.

Sous l'ancien régime la justice criminelle, où la plupart

---

(1) 1688. M° Jérémie Mauclerc, en son vivant avocat en parlement, mort dans la religion réformée, condamné à être traîné sur la claye par l'exécuteur des sentences criminelles par les carrefours de la ville de Vitry, et ensuite jeté à la voirie, ses biens à nous acquis et confisqués. Sentence du bailliage de Vitry. Archives départementales. — Même sentence rendue en 1701 contre Daniel Fauchat, mort dans la religion réformée. Même source.

(2) On pouvait aussi y appliquer les témoins, lorsqu'on les soupçonnait de céler la vérité.

(3) Un mari avait maltraité sa femme, elle quitta le domicile conjugal. Comme elle ne reparaissait pas, le mari est accusé de l'avoir tuée, il nie le fait. Sur les présomptions, il est appliqué à la question et confesse que c'est lui qui a tué sa femme et qu'il l'a brûlée dans un four. Il est condamné à mort, mais il fait appel du jugement. Au moment où se faisait le rapport du procès, la femme reparut, et le mari fut déchargé de la condamnation. (CHAROSPAS, livre IX.)

des peines étaient empruntées à la législation romaine, est
restée barbare depuis l'origine de la monarchie jusqu'en
1789. Pendant cette longue suite de siècles, aucune idée
de moralisation ni même d'humanité n'a présidé à l'élabo-
ration des lois de répression.

Ce n'est du reste qu'après 1832 et 1848, époques où l'on
supprima la marque et l'exposition, que la justice est
devenue réellement humaine.

L'ancienne coutume de Châlons, autrefois connue sous
le nom de *Peau de veau*, n'existe plus; il est donc impos-
sible de la comparer avec les Établissements de 1270 et de
relever les différences que ces deux documents pouvaient
présenter. Cette comparaison n'est possible que pour
quelques articles qui nous en sont restés, mais elle suffit à
démontrer que ces deux lois pénales avaient entre elles de
très-grandes analogies.

« Se bourgeois fiert (frappe) chevalier, disait cette
coutume, si ce n'est for son cors deffendant, que ce soit
sans raison il aura le poing coupé.

« Se chevalier fiert son seignor ou son baillif ou trait
(tire) son coustel sur lui il le doit amander. L'amande est
de panre ce qu'il a et doit apporter une hache et mettre en
la main du seignor qui ferit (qu'il a frappé) et doit es-
tendre son bras sur un tronc et la justice li coupera. »

On voit que le premier article est absolument semblable
au texte des Établissements; le second est différent en ce
sens que, selon lesdites Ordonnances, le chevalier qui
frappait son seigneur ne perdait que son fief et non pas le
poing, mutilation réservée au vilain ou roturier.

« Li jus (droit) des francs homs est tel que, quand un
vilain appelle (accuse de crime) un franc home, li franc

se doit combattre à cheval et en armures de fer, et li vilain
à pié en armures de cuir; et si li franc homme appelait li
vilain, il se devroit réduit combattre à pié. » -

On trouve ici la même inégalité et la même injustice,
le noble, s'il est accusé, ne combat point à armes égales;
mais la coutume ne nous dit point si le vaincu était pendu;
cela devait être; puisque le plus fort était absous, il fallait.
bien que l'autre subît une peine sévère; le gibet était la
sanction de l'innocence du vainqueur.

« Si un noble frappait quelqu'un du glaive, du bâton ou
de la main au ban épiscopal, il payait soixante livres à
l'évêque. »

Nous voyons cet article appliqué en 1421 par jugement
du bailli de l'évêque qui condamne Michel de Toulette,
écuyer, à trente livres d'amende « pour cause qu'il a battu
et féru jusques à effusion de sang un appelé Jacotin. » Et
le même jour le même Michel de Toulette est encore condamné à payer quarante livres d'amende pour avoir battu
jusqu'à effusion de sang un nommé Garnier de Marson (1).

La justice du ban Saint-Pierre usa de plus de rigueur en
1390, il est vrai que le coupable était roturier, elle rendit le
2 novembre une sentence contre Collin, fils de feu Jean le
Porcherat, pour avoir frappé du couteau le nommé Petit-
jean, fils de Huet le Chastrelon, par laquelle il fut condamné à avoir le poing coupé ou à payer à l'abbé de Saint-
Pierre une amende de 60 livres (2).

On appliquait donc à Châlons, comme ailleurs du reste,
ces peines barbares de la mutilation des membres. Nous
en avons une autre preuve par une condamnation pronon-

(1) Malgré ses démêlés avec la justice locale, Michel de Toulette fut prévôt
de Châlons en 1423 et 1429.
(2) Archives de l'abbaye.

cée en 1421 par l'échevinage contre Lambert Sorelet, « lequel a esté condempné à avoir l'oreille coppée et estre banni du temporel dudit seigneur évesque, ses biens confisquez. » Cette sentence fut exécutée, puisque dans ses comptes l'argentier de l'évêque se charge en recette de treize écus d'or provenant de la confiscation des biens dudit Sorelet.

Nous avons, par les sentences suivantes, des exemples de condamnation au pilori, au bannissement et à la peine du fouet, aux dates ci-après :

1479. 13 décembre. — « Sentence du prévost et eschevins juges criminels et de police dudit Chaalons contre la nommée Ysabel femme vagabonde pour cause de certains larcins par elle faits et commis tant en l'ostel des Aveugles (1) dudict Chaalons comme de Fagnières et aultre part, par la manière plus à plein contenue audict procès, et condempnée à estre mise au bloc par l'espace de une heure et oultre bannye de la seigneurie temporelle dudit seigneur evesque. »

« Du samedi 15e jour de janvier 1479, par lesdits prévost et eschevins à l'encontre d'une nommée Jehanne Georget de Reims prisonnière es prisons temporelles dudict evesché, pour cause d'avoir commis plusieurs larcins et maléfices déclarés au procès sur ce fait et confessions par elle faites, a esté condempnée à estre mise au bloc au pillory par une fois, par l'espace de deux heures et, incontinent qu'elle sera descense (2), la devestir de ses habitz et la battre de verges sur les espaules par les carrefours dudict Chaalons et, avec ce, bannie à tousjours d'icelle ville. »

(1) Appelés aussi Moines mariés. Leur maison était au faubourg Sainte-Pudentienne.
(2) Descendue.

1539. — « Barbe Loste, jeune fille à marier, pour larcins par elle commis en l'hostel de Claude Dorigny, condempnée a estre battue et fustigée et en amende de 100 sols. »

1539. — Person Paulin, cordonnier, condamné pour le même méfait à être battu et fustigé par les carrefours dudit Châlons et en amende de 100 sols.

1553. — Claude Perinet, fille à marier, pour larcins par elle commis condamnée au fouet et cent sols d'amende.

1643. — Claudette Michel, couturière, native de Saint-Dié, pays de Lorraine « suffisamment convaincue d'avoir desrobé au logis de François Jacquelot, m^d à Chaalons, la quantité de vingt milliers de clous en plusieurs fois, une chemise de fine toile, une juppe et autres linges dans sa fréquentation dudit logis. — Pour réparation de quoy l'avons condamnée en vingt sols d'amende payable par détention de sa personne et a estre battue de verges par l'exécuteur de la justice en la place du marché et au devant de nostre loge et auditoire pour, ce fait, estre conduite hors de ceste ville et faulxbourgs, a elle faict défense de s'y retrouver et récidiver sur peine de la vie (1). »

La justice du ban Saint-Pierre paraît avoir été quelquefois plus sévère pour les larrons. On voit par une lettre du roi Jean, datée d'octobre 1354, qu'un homme ayant dérobé quinze sols dans une hôtellerie du ban, fut accusé, pris et pendu (2).

La peine du fouet pouvait être appliquée plusieurs jours de suite « selon l'exigence des cas » pour nous servir d'une expression judiciaire de l'époque; un nommé Ferry fut en 1540 condamné, pour faits contraires aux mœurs, à être battu et fustigé « par trois divers jours, ayant la corde au

(1) Archives de l'écherinage.
(2) Archives de l'abbaye.

col » au lieu de Togny-aux-Bœufs, où les délits avaient
été commis, et banni pour toujours (1).

Malgré les Ordonnances que nous avons citées, les
blasphémateurs ne paraissent pas avoir été punis à Châlons d'une façon bien rigoureuse. En 1553, un nommé
Claude Coulon, boulanger, est condamné pour ce fait à
cent sols d'amende. En la même année la justice se montra
moins clémente envers un sʳ Alpin de Vaux, marinier,
qui pour juremens et blasphèmes fut condamné à être mis
au carcan pendant deux heures et à soixante sols d'amende.
En 1632, un délinquant ne fut tenu pour toute peine que de
payer vingt sols d'amende à l'église Saint-Jean sa paroisse.

Pour certains délits l'échevinage, usant d'indulgence, ne
condamnait le coupable qu'à l'amende honorable faite en
l'auditoire de la justice. En 1479 « Henry Liégeois, varlet,
qui le tiers jour de décembre estoit détenu ès prisons de
l'évesché pour cause d'avoir de félon courage depuis huit
jour en ça en l'hostel de Jehan Georget tavernier, jeté un
pot de quarte plein de vin à l'encontre d'un franc archier
de Sarrey, duquel cop il atteindit Loys de Coussy cordonnier et non pas ledit franc-archier; et aussy depuis ledit
cop soy estre efforcé à rescourre des mains de Jossequin
Rondeau sergent qui le constituait prisonnier, a esté condempné à crier merci à mondit seigneur et à justice, ce
qu'il a fait judiciairement, et en amende de dix livres
tournois, laquelle, veu la prison par lui soustenue par huit
jours entiers et la povreté d'icelui, a esté remise et ramenée
à 60 sols. » — Pour offenses graves envers un officier de
justice et rébellion, la peine n'était pas sévère; mais il faut

(1) Archives de Saint-Pierre au Mont.

dire que ledit Liégeois était « varlet » de Monseigneur de Châlons qui dut intercéder pour lui.

Les assassins, meurtriers, homicides, étaient punis de la hart. Le plus ancien document qui nous soit connu au sujet de ce crime date de 1389. C'est une pièce assez curieuse dressée par le lieutenant du prévôt de Laon, où les faits sont relatés, et faisant connaître que pour l'exécution du condamné il emprunte le gibet de la justice de Saint-Pierre au Mont. On sait qu'en effet les prévôts, exerçant sur un territoire étendu, faisaient exécuter les malfaiteurs, par eux condamnés, aux fourches patibulaires de la justice seigneuriale la plus rapprochée. La prévôté de la maréchaussée faisait mieux, elle employait un procédé plus expéditif et faisait pendre au premier arbre venu.

Voici le texte de ce document que nous croyons devoir reproduire à cause de son ancienneté et de l'intérêt qu'il présente au point de vue des formes sommaires avec lesquelles on procédait alors en matière criminelle :

« A tous ceulx qui ces présentes verront ou orront, Jehan le Prévost, compaignon et lieutenant du prévost de Laon, salut.

« Comme du jourd'hui pour le souppeçon de ce que l'on disoit que Jensson le Gravicier, charpentier demourant à Chaalons, avoit commis et perpétré certain murdre (1) à la personne d'une appellée Jehannette la Broissette de Sainte Mancholt, et aussi qu'il avoit navré et blecié Jehan le Noble et ung josne enffent nommé Regnault fil Adenet le Romer de Chaalons, et tellement que on y esperoit mieux mort que vie; Nous, ycellui Jensson le Gravicier, avons fait prenre et ycellui interrogié et examiné sur les fais dessus ditz,

(1) Meurtre.

lequel Jensson nous a cogneu et confessé, hors gehine, de
son plein gré et bonne voulonté, sans force, en la présence
de plusieurs bonnes personnes, que icelle Jehannette il
avoit murdrie, tuée et mise à mort et aussi avoit yceulx
Jehan le Noble et Regnault découppez de ung coustel
entour leurs gorges et entour leurs jambes en plusieurs
lieux et tellement qu'il cuidoit les avoir tuez et murdris et
pour telz les laissa gisans jus à terre aux champs; Et pour
ycellui Jensson le Gravicier exécuter selon les démérites
par lui confessez et congnus comme dessus dit est, nous,
aiant supplié de par le Roy nostre sire à Joffroy de Sorcy,
lieutenant de honorable et saige Husson Cotelle, maire du
ban des religieux de Saint Pierre aux Mons de Chaalons,
que sans préjudice à la justice d'icelui ban, séant en lieudit
ès croyères de Saint Pierre, il luy pleust à nous prester
pour le roy Nostredit seigneur, le gibet d'icelle justice
pour accomplir et faire justice d'icelluy Jensson le Gravicier, selon l'exigence des cas par lui fais, délinquez,
cogneus, commis et perpetrez.... — Ce qui feut fait à
Chaalons le juedi xxvje jour du mois d'aoust l'an de grâce
Nostre Seigneur mil. ccc. iiijxx et nuef (1). »

En 1480, le 2 juin, l'échevinage de Châlons rendit une
sentence « à l'encontre d'un nommé Guillaume Lelorrain,
soyeur de long, prisonnier ès prisons de l'évesché, qui avoit
coppé la gorge, murdry, occis et bacguez ung né Guillaume
le soyeur son compaignon aux champs, près du grand chemin royal et de nuit, prins et desrobé son argent, chemises
et autres bacgues par la manière plus à plein contenue audit
procès et en la confession par lui faite; a esté pour ledit
cas et par meure délibération, au pourchas du procureur
général dudit Révérend Père, condempné à estre pendu et

(1) Archives de l'abbaye de Saint-Pierre.

estranglé à la justice dudit R. P. et ses biens confisquez se aucuns en a (1) ».

Du 12 janvier 1500, sentence rendue par les mayeur et échevins du ban et justice Saint-Pierre, qui condamne Simon Hennequin à être pendu et étranglé au gibet et fourches patibulaires dudit ban, pour avoir coupé la gorge à Marguerite sa femme, et l'avoir jetée morte dans un fossé (2).

Les routiers et détrousseurs de grand chemin étaient habituellement pendus par la maréchaussée, jusqu'en 1534 où il fut ordonné de les rompre vifs. Bien que les prévôts des maréchaux en aient fait pendre un grand nombre au cours des XV⁰ et XVI⁰ siècles, nous ne savons pas s'ils ont tenu registre de ces exécutions. On n'en trouve aucune trace à Châlons.

Nous savons toutefois qu'au mois de juillet 1521 le duc d'Alençon, se trouvant au camp d'Attigny, envoyait au Conseil de ville de Châlons des lettres de commission par lesquelles il mande « à Guillaume de Bregne et Robert de Brisebarre, archiers de la garde du roy, qu'ilz ayent à eulx transporter à l'environ dudict Chaalons sur les passages, et qu'ilz saisissent au corps les piétons aventuriers qu'ils trouveront avoir habandonné ledit camp et les mettent ès mains des prévotz des maréchaux pour en faire la pugnition telle qu'il appartiendra que les autres y prennent exemple. »

Malgré ces mesures, les gens de pied continuaient à déserter et à détrousser les voyageurs. Le 10 septembre

(1) Comptes de l'évêché. 1480.
(2) Archives de l'abbaye. Sentence rendue par Claude de Bruières, maire, Jehan le Burlas, Jean Regnault, Jean Bertrand et Julien Le Noble, échevins du ban.

suivant, des étudiants suisses allant à Paris étaient frappés,
meurtris et dépouillés sur le chemin de Lépine. Le Conseil
de ville ému de compassion les fit panser, paya les chi-
rurgiens et leur fit donner un secours de trois écus-sol
pour continuer leur voyage (1).

L'homicide, même commis par imprudence ou dans le
cas de légitime défense, pouvait donner lieu à une condamnation à mort. On accordait, il est vrai, pour faits semblables des lettres de rémission, mais entre la demande et
l'obtention de ces lettres il s'écoulait un certain temps
pendant lequel on se trouvait sous le coup d'une condamnation capitale, ce qui devait causer quelques angoisses.

Il arrivait, aussi, surtout entre gens d'épée, que dans
une querelle l'un d'eux vînt à recevoir quelque blessure
qui n'était pas jugée mortelle, mais qui, s'aggravant par la
suite, causait la mort du blessé. Dans ce cas la famille du
défunt pouvait requérir des poursuites contre l'auteur de
la blessure et réclamer des dommages-intérêts ; aussi
prenait-on ses mesures à l'avance par des arrangements
pécuniaires. Nous avons sous les yeux une convention de
cette nature, dressée le 18 août 1555, qui nous renseigne
sur ce côté des mœurs du temps.

Les parties intéressées sont Jeanne Thevenier, veuve de
Gabriel Lhoste, en son vivant archer des ordonnances du
roi sous la charge de Mgr de Bourdillon et fourrier de sa
compagnie, et ses enfants mineurs d'une part; et François
de la Chaulnie, écuyer, archer en la même compagnie :
«.... Disans lesdictes parties, que la veille du jour Sainct
Laurens de l'an 1554, querelle et noise se meust entre
ledict Gabriel Lhoste et ledict François de la Chaulnie, et
par icelle se jectèrent plusieurs coups d'espée l'un à

_____

(1) Conclusions du Conseil de ville.

l'aultre; entre aultres ledict deffunct ung coup d'estocq à l'estomacq dudict de la Chaulnie duquel il eust esté en dangier de mort sans la jacques de mailles dont il estoit couvert, et pour à ce éviter par ledict de la Chaulnie et empescher que ledict deffunct ne luy feist plus grand oultraige, auroit baillé audict deffunct ung coup d'espée sur la teste à l'endroit de l'oreille senestre, duquel coup icellui deffunct fut grandement blessé et mallade par longue espace de temps et après déceddé; maintenant ladite veuve, icelle mort estre advenue par ledict coup et à ce moyen ledict de la Chaulnie tenu des intér⸱ de ladite veuve et de ses enfants mineurs.

« Et au contraire maintenant ledict de la Chaulnie avoir esté de sa part excédé par ledict deffunct, et que pour éviter à plus grand dangier de sa personne, il avoit esté contrainct se deffendre, en quoy faisant se seroit trouvé ledict deffunct blessé à la teste d'un coup légier non mortel, et pendant luy seroit advenu aultre malladie, tant par le travail qu'il avoit depuis prins et excès faictz dont il seroit déceddé et non dudict coup, par quoy il n'estoit tenu d'aulcuns intéretz.

« Sur quoy lesdictes parties estoient en voye d'avoir procès, pour à quoy éviter et à fraiz, ont fait l'accord et appointement qu'il s'ensuyt. — Assavoir :

« Ladite veuve et mineurs ont quitté et remis audict François de la Chaulnie tous et chascun des intéretz civilz que icelle veuve et mineurs eussent peu et pouvoient prétendre, quereller et demander à l'encontre d'icelluy la Chaulnie pour raison dudict coup et mort advenue audict deffunct, en quoy faisant icelluy Françoys, combien qu'il ne soit tenu, comme dict est, d'aulcune chose envers icelle veuve et mineurs, a promis payer et bailler à ladicte veuve la somme de cent quinze livres tournois, et en ce faisant sont demeurées quittes pour raison de ce que dit est, sans aultres despens, dommaiges et intéretz les ungs envers les aultres.

« Et où pour le criminel ledict François de la Chaulnie seroit poursuyt par les gens du Roy ou aultrement; et contrainct avoir et obtenir lettres de rémission ou pardon, icelle veuve a dès à présent consenti et consent l'entheri-nement desdites lettres (1). »

En 1537, un nommé Guillaume Pasquier dit Mafflart, marinier, fut cause par maladresse et imprudence « de la mort et occision, » dit le document, de Jean Lemoyne, aussi marinier à Châlons. Il obtint des lettres de rémission, et la veuve du défunt consentit à leur entérinement à la condition qu'il lui serait payé vingt-cinq livres tournois en argent, un setier de seigle et un setier de froment, et que ledit Pasquier serait tenu de faire dire, chanter et célébrer un service avec messe, vigiles, recommandises, et trois basses messes en l'église Notre-Dame en Vaux pour le remède et salut de l'âme du défunt (2).

En 1590, le bourreau de Châlons, Julien Gallier, passa son épée au travers du corps d'un nommé Jean Mouton qui en mourut sur le coup. Julien Gallier obtint des lettres de rémission où il est relaté « que ledit Jehan Mouton estant surpris de vin auroit agressé ledit Julien Gallier qui pour la conservation de sa personne se seroit défendu de son espée sur laquelle ledit Mouton se seroit précipité et dont il mourut. » La veuve du défunt consentit à l'entéri-nement des lettres de rémission moyennant une somme de quarante écus dont le paiement lui fut garanti par une

(1) Acte passé devant Chrestian, notaire à Châlons.
(2) Acte passé devant Fallon, notaire, le 30 janvier 1537. (C. a. d. 1538.)

5

maison que possédait Julien Gallier en la rue de la Porte-Murée et qui était louée cinq écus par an (1).

Les arrangements pour coups, blessures, paroles injurieuses sont plus nombreux. Nous n'en citerons qu'un. En 1536, deux bouchers de Châlons, après s'être injuriés, en viennent aux coups. L'un d'eux est frappé d'un coup de hallebarde; un garçon boucher, accouru pour séparer les combattants, reçoit un maître coup de bâton. Un accord intervient et le vainqueur est déclaré quitte de toute poursuite en payant la somme de vingt livres tournois plus le barbier qui a soigné et pansé le blessé. De part et d'autre les injures sont pardonnées et oubliées et réciproquement les deux adversaires déclarent se tenir pour gens de bien et d'honneur. Quant au garçon boucher qui avait été frappé, en considération des onguents et baumes que la femme de l'agresseur lui a charitablement donnés pour oindre ses meurtrissures, il le tient quitte du coup de bâton moyennant la somme de dix sols, dont il se dit content et bien payé (2).

L'absence de documents ne nous permet pas de relater ici, dans tous ses détails, quelque beau procès de sorcellerie aux XIVe et XVe siècles. Nous ne trouvons de condamnations pour faits de cette nature qu'en 1475, c'est-à-dire à une époque qui n'est déjà plus fort ancienne (3).

(1) Acte passé en la cuisine de la geôle et prisons de Châlons, le 10 août 1590.
(2) Acte passé devant Marin, notaire, 22 octobre 1536.
(3) On cite dans l'histoire de Châlons une conclusion du Conseil de Ville de 1431, où il est question de l'arrivée à Châlons d'un espagnol âgé de 23 à 24 ans nommé Fernand de Corduba, chevalier ès armes, maître ès arts, docteur en lois, théologie et médecine, au sujet duquel on apprit vers le carême suivant : « qu'il avoit esté prins à Couloingne atteint d'hérésie et d'avoir ung diable avec luy qui luy enseignoit tout ce qu'il disoit, et fut ars audit Couloingne. » Cette mention a été mal lue. Le Conseil de Ville relate l'arrivée à Paris et non

En juin 1475, une nommée Jehannette Champagne fut incarcérée avec d'autres femmes sous l'inculpation de maléfices et sortiléges, elle mourut en prison; mais contre sa servante fut rendue la sentence suivante : « Marguerite Brabande, veuve de feu Jehan Mayrolle, de Pringy; sentence prononcée le 26ᵉ jour de juing 1475 par les prévost et eschevins dudit Chaalons à cause de plusieurs méfaitz, recellement de plusieurs sortiléges faiz par feue Jehannette Champaigne sa maîtresse et aultres femmes, par le moyen desquelz mort s'en est ensuye, et pour ce condempnée à estre mise en l'estache au lieu de pillory publicquement par l'espace de deux heures, et pour ceste cause en avoir les cheveulx bruslez, ou à avoir mis ung chappeau de paille qui sera ars à deffault de cheveulx; et avec ce bannie à tousjours de la ville et cité de Chaalons, bourgs et faulx-bourgs d'icelle et ses biens confisquez se aulcuns en a. »

Une des femmes, complices de la susdite Jehannette Champagne, nommée la Berthe boiteuse, n'en fut pas quitte à si bon marché. Par sentence « du lundi tiers jour de juillet 1475, ladite Berthe, prisonnière ès prisons dudit Chaalons pour les sortiléges, cas, crimes et délitz par elle commis et perpétrez, bien au long déclarez audit procès et confessions de laditte Berthe, fut condempnée à estre arse et bruslée et tous ses biens estant en la seigneurie temporelle de mondit seigneur à luy acquis et confisquez. »

Plus d'un siècle après, en 1593, la Chambre de Parlement de Paris, siégeant à Châlons, rendit un arrêt à peu près semblable contre un nommé Jean Manteau, habitant près de Tonnerre, appelant de la justice dudit lieu qui

à Châlons dudit Fernand. C'est un bruit, une nouvelle, que le Conseil de Ville crut devoir consigner dans ses registres, bien qu'il n'intéressât pas du tout l'histoire de la ville. De plus, Fernand de Corduba ne fut point brûlé à Cologne, il mourut à Rome en 1486.

l'avait condamné. La cour ayant reconnu que ledit Manteau était coupable de sortilége, d'avoir communiqué avec l'ennemi d'enfer, fait mourir par sort un hommé Nicolas Podevin et d'avoir assisté au sabbat, confirma la sentence de la justice de Tonnerre et le condamna à faire amende honorable devant l'église cathédrale de Châlons, à être pendu au marché au blé et son corps brûlé.

Plusieurs sentences, rendues par la même justice contre neuf sorciers et sorcières et venues en appel devant la chambre du Parlement à Châlons, nous font connaître qu'à cette époque sévissait une véritable épidémie de sorcellerie à Tonnerre et dans les environs.

Les registres des actes de cette chambre de parlement nous donnent la relation de quelques exécutions qui eurent lieu à Châlons de 1590 à 1593, conformément aux arrêts rendus par elle (1).

Nous y trouvons celle de Nicolas Bazan, sieur de Flamainville, condamné à mort pour avoir vendu aux ligueurs la ville de Villefranche qu'il commandait pour le roi.

« Le 11 décembre 1590, dit le registre, au parquet, a esté lu au s^r de Flamainville, prisonnier ès prisons royales de Chaalons, teste nue et à genoux, son arrêt donné le matin; ce faict, a dict que Dieu qui estoit juge du cœur scavoit ses déportemens et ce qu'il avoit faict pour le service du roy. Atteint par l'exécuteur de la haulte justice, luy enquis s'il vouloit estre admonesté par un prestre cordelier, a dict qu'il seroit bien aise de l'ouïr. Délaissé devant le cordelier, auroit esté confessé et admonesté et à ce faire

(1) Celles que nous donnons ici sont extraites du relevé de ces registres fait par M. E. de Barthélemy et inséré dans la Revue de Champagne et Brie, mai et juin 1884.

vacqué pendant une heure. Ce faict, luy auroit faict entendre que pour le salut de son âme il luy estoit besoing
confesser toute la vérité du faict dont il estoit accusé, qu'il
eust à déclarer ses autheurs, complices et ceulx qui l'avoient
poursuivy et séduict pour vendre Villefranche. A dict qu'il
avoit confessé la vérité devant Dieu et les hommes, et que
s'il avoit faict les meschancetés dont il estoit accusé, il
prendroit la mort en gré; qu'il n'avoit point vendu ladicte
ville, que c'avoit esté le s^r de Maucourt, qu'il avoit vécu
honorablement à Villefranche, suivant le commandement
du roy.

« Ce faict, conduict hors le parquet en la rue avec l'exécuteur assisté dudict cordelier, ledict condamné mis sur
une claye attachée au bout d'une charette tirée par un
cheval et conduict en la place du marché de Chaalons;
deslié de dessus ladicte claye, monté sur l'eschelle; de
rechef ledict arrest auroit esté lu à haulte voix mot à mot
par l'exécuteur; puis itérativement admonesté de dire la
vérité et révéler ses complices et autheurs, a dict avoir
dict la vérité; luy a esté chanté le *Salve regina* par ledict
cordelier et peuple assistant. Estant au haut de l'eschelle,
de rechef admonesté a dict tout hault : Vous voyez, mes-
sieurs, que la Cour m'a condamné à estre trainé sur une
claye, pendu et estranglé, mon corps mis en quartiers, j'ai
dict la vérité, c'est le s^r de Maucourt avec le s^r d'Andenelle
qui s'accordèrent avec l'ennemy, et parce qu'ils estoient
les plus forts je fus contrainct faire ce qu'ils voulurent. Je
confesse qu'en aultres choses j'ay bien offensé Dieu, dont
je luy crie merci, le suppliant me vouloir pardonner. Je
prens la mort en gré. — Ce dict a esté jetté, pendu et
estranglé tant que mort s'en est ensuivie. »

Le 10 juin 1591, arrêt déclarant injurieux et scandaleux

les libelles en forme de bulles monitoriales imprimés à Rome contre le roi, ordonnant qu'ils seraient lacérés et rompus publiquement, ce qui fut exécuté.

Le 20 juillet 1591, arrêt portant condamnation à mort du s^r Pinart, pour avoir lâchement délaissé la place de Château-Thierry. Exécution qui eut lieu le même jour en effigie sur la place du marché à Châlons.

Le 11 septembre 1591, arrêt contre Claude Gorlier, soi-disant cordelier, d'Arras, pour avoir plusieurs fois pendant le mois d'août dernier, prononcé des discours injurieux contre le roi et renié deux fois Dieu, le condamnant sur jugement du bailliage de Vermandois à faire amende honorable devant le grand portail de Notre-Dame de Châlons, tête et pieds nus, la corde au cou, une torche de cire d'une livre à la main, à déclarer hautement sa faute, à la répéter sur un échafaud dressé en la place du marché, y être battu nu de verges et banni à perpétuité; ce qui a été exécuté ledit jour.

Ces condamnations étaient la conséquence de la situation politique de la France à cette époque. Déjà en 1589, la prévôté de la maréchaussée avait condamné deux habitants de Châlons, Jacques de Berlize et Jean Legros, accusés et convaincus d'avoir cherché à favoriser les entreprises des ligueurs contre la ville, « à estre pendus et estranglés en la potence plantée au marché et place publique dudict Chaalons pour l'exécution des haultes œuvres; ce faict, leurs corps mis en quatre quartiers pour estre attachés en exemple sur les grands chemins des quatre principales portes dudict Chaalons. » La sentence fut exécutée le 9 décembre 1589 (1).

(1) Jacques de Berlize était un agent avéré du duc de Guise. Dans un acte de 1587 il prend le titre de Trésorier et payeur de la compagnie de Mgr le duc

La Chambre de parlement rendit encore quelques arrêts
en matière criminelle. Le 19 décembre 1590 elle condamna
Antoine Belin, notaire à Bétignicourt (chatellenie de Rosoy)
à être pendu en la place du marché de Châlons pour homicide commis sur François Nérot, avec confiscation de ses
biens. « Le 19 décembre, dit la relation, environ l'heure
de midy, l'arrest de la Court aujourd'huy donné à l'encontre d'Anthoine Belin, notaire à Bétignicourt, luy a esté
prononcé en l'auditoire royal de Chaalons, estant nue teste
et à genoulx; à quoy il a dict qu'il en rappeloit, luy a esté
dict que c'estoit arrest où il n'y avoit point d'appel. Admonesté de penser au salut de son âme, a recongneu son
meffaict, a dict qu'il a confessé la vérité à la Court, en
suppliant estre enterré en terre saincte et qu'on ne fist
point tort de son bien à sa femme et à ses enfans. Saisy
par l'exécuteur de la haulte justice, délaissé devant un
cordelier de ceste ville, après avoir esté confessé et admonesté d'avouer sa grande faulte devant les hommes afin
d'avoir pardon et miséricorde de Dieu : a dict qu'il avoit
tué François Nérot et en demandoit pardon à Dieu. Tiré
hors de l'auditoire et conduit en la place du marché assisté
dudict cordelier, estant sur l'eschelle, l'arrest de rechef
prononcé à haulte voix par l'exécuteur en la manière ac-
coustumée, a dict qu'il prenoit la mort en gré, suppliant
l'assistance de prier Dieu pour luy. A commencé à chanter
le *Salve regina* puis l'*Inviolata;* iceluy chanté a admonesté
les assistants que quand ils avoient quelque querelle ou
colère, voyant venir leur ennemy, qu'ils eussent à s'en
retourner d'aultre costé au lieu d'approcher et de ne pas

---

de Guise, demeurant à Châlons, paroisse Notre-Dame. Il était en réalité auber-
giste à Châlons. Son père, Jean de Berlize, était marchand pelletier rue Ran-
cienne ou Saint-Jacques, près du carrefour Notre-Dame, en 1556.

faire comme luy. Cela faict, a esté jetté bas par ledict exécuteur, pendu et estranglé. »

Du 2 avril 1591, arrêt déclarant que la nommée Marie Le Seurre, femme de Mᵉ Nicolas Le Queux, précédemment veuve de Claude de Champagne, receveur général des finances en Champagne à Châlons, a empoisonné et fait mourir sondit premier mari, et la condamne à faire amende honorable devant l'église Saint-Alpin tenant en main une torche du poids de deux livres, déclarer son crime et son repentir et être ensuite pendue et étranglée en la place publique, son corps brûlé, ses biens confisqués sauf une somme de 1,000 écus pour les enfants dudit Champagne, 50 écus aux trois Ordres mendiants et 100 écus pour les dépens du procès.

Cet arrêt lu à la condamnée en sa prison, elle se mit à crier : Mon Dieu, que deviendra l'enfant dont je suis grosse! La cour délégua alors deux médecins et quatre matrones pour vérifier la déclaration de ladite Le Seurre et, sur leur rapport, ajourna l'exécution.

Par ce qui précède, on voit que les arrêts étaient habituellement exécutés le jour même où ils étaient rendus. La justice du parlement était expéditive.

Nous bornerons là nos citations; nous n'avons pas l'intention de donner ici le relevé des sentences criminelles prononcées à Châlons depuis les premières années du XVIIᵉ siècle jusqu'en 1789; ce relevé formerait, il est vrai, un gros recueil, mais peu intéressant et présentant de nombreuses et fatigantes redites. On peut compter pour homicides, meurtres et vols, incendies, rapts, fausse monnaie, contrebande, faux saunage, infanticides et autres crimes punis de mort, deux ou trois pendus par an. Quant

aux condamnations au pilori, au fouet, au bannissement
et aux galères, elles sont plus nombreuses.

Nous extrairons cependant des archives judiciaires du
XVIIᵉ siècle une sentence rendue par l'échevinage pour
une faute que la loi ne punit plus de nos jours. En 1641,
Hugues Jacquesson, domestique chez un sʳ Legentil, pas-
sementier à Châlons, abusa de la fille Anne Villaut après
lui avoir promis le mariage et partit l'abandonnant grosse
et enceinte de ses œuvres : « pour réparation de quoy, dit
la sentence, avons icelluy Jacquesson condamné en dix
livres d'amende payables par corps, et à servir le roy en
ses galères l'espace de trois ans; et où il ne pourroit estre
appréhendé pour estre donné au conducteur des forçatz,
exécuté en effigie sur un tableau contenant ladite condamnation et en 500 livres de dommages-intérêts envers ladite
Villaut, sy mieux n'aime ledit Jacquesson espouser et
prendre pour femme ladite Villaut, ce qu'il sera tenu de
faire six semaines après la signification de la présente
sentence (1). »

Enfin nous devons mentionner une triple condamnation
à mort qui fut exécutée à Châlons les 6, 8 et 10 août 1774,
prononcée contre les nommés Nicolas Bailly, laboureur,
Henry François de Bruges, chevalier de Clède, Antoine
Nicolas Dosne, curé de Ceffonds, Dominique Barcier,
huilier, Pierre Charles des Étangs, admodiateur, et Remy
Thuillier, manouvrier, tous demeurant à Ceffonds. Les
nommés Bailly et de Clède avaient été déclarés convaincus
le 3 juin 1774 par le bailliage de Chaumont, devant lequel
cette affaire avait été portée, d'avoir, de dessein prémédité,
assassiné dans la nuit du 18 au 19 février 1773, la dame
veuve du sieur de Josselin, demeurant à Ceffonds, et en

(1) Sentence de l'échevinage. 10 avril 1641. (Archives départementales.)

conséquence condamnés à être rompus vifs sur un échafaud dressé sur la place publique de Ceffonds et leurs biens
confisqués. Il fut sursis au jugement des autres accusés.

Le procureur du roi fit appel a minima et l'affaire vint
devant le Conseil supérieur établi à Châlons depuis 1771,
qui dans ses séances des 6, 8 et 10 août condamna :

Nicolas Bailly et Henry François de Bruges chevalier de
Clède « à avoir les bras, jambes, cuisses et reins rompus
vifs sur un échafaud qui sera dressé à cet effet en la place
publique du marché de Châlons; ce fait, leurs corps exposés sur une roue, la face tournée vers le ciel pour y
rester tant qu'il plaira à Dieu leur conserver la vie, préalablement appliqués à la question ordinaire et extraordinaire pour avoir par leur bouche révélation de leurs
complices, leurs biens confisqués.

« Condamne ledit Dosne à être pendu et étranglé jusqu'à ce que mort s'ensuive, par l'exécuteur de la haute
justice, à une potence qui sera dressée à cet effet sur la
place publique du marché de cette ville, déclare ses biens
acquis et confisqués, préalablement pris la somme de cent
livres d'amende envers le roi.

« Condamne Barcier à assister à l'exécution dudit Dosne,
la corde au col, et ensuite être conduit sur les galères du
roi pour y servir comme forçat à perpétuité, icelui préalablement marqué sur l'épaule droite en ladite place publique
par ledit exécuteur d'un fer chaud portant l'empreinte des
lettres G. A. L., ses biens confisqués et acquis au roi ou à
qui il appartiendra.

« Condamne des Étangs à être mandé en la chambre du
Conseil pour y être admonesté; le condamne en outre à
150 livres d'amende applicable moitié au pain des prison-

niers de la conciergerie du Conseil supérieur et moitié aux pauvres de la paroisse de Ceffonds.

« Et en ce qui touche Thuillier, surscoit à son jugement pendant trois mois. »

Ces exécutions eurent lieu au marché de Châlons. Ce fut la seule fois, croyons-nous, qu'un tel spectacle lui fut imposé.

La lecture des dossiers judiciaires anciens fait reconnaître que la peine de l'emprisonnement à temps n'était jamais appliquée, sauf pour fautes légères et pour un temps très-court (1). La prison n'était pas une peine. Il n'était venu à personne cette idée que les deniers de l'État dussent pourvoir à l'entretien de prisonniers subissant une détention à long terme; c'était bien assez que le domaine fit la dépense du pain et de l'eau qui étaient dus aux prévenus pauvres hors d'état de se nourrir à leurs frais. Au reste, l'organisation féodale ne se prêtait pas à l'établissement d'un régime pénitentiaire, elle s'opposait même à l'adoption d'une telle mesure. Qui eût fait les frais d'entretien des condamnés à la prison par les justices seigneuriales? Le fouet, le pilori et le gibet étaient plus expéditifs et moins dispendieux. Les prisons n'étaient donc que des lieux d'incarcération essentiellement temporaire, et, pour cette cause même, mal installées, mal tenues, souvent inhabitables, où le prévenu était durement traité. En 1549, le roi Henri II, dont le règne fut court et qui cependant trouva le temps de prescrire de salutaires réformes, s'émut

(1) On trouve cependant quelques condamnations à la prison perpétuelle, au pain et à l'eau, notamment Hugues Aubriot, condamné en 1381 comme hérétique à passer sa vie dans une fosse au pain et à l'eau. Mais avec un tel régime il est à croire que le perpétuel ne durait pas longtemps.

de la situation misérable faite aux détenus dans les prisons seigneuriales. Ses ordonnances restèrent sans effet, car dans une déclaration du 29 mai 1557 il expose que « lesdites Ordonnances, comme nous sommes deument advertis, ne sont observées ne gardées par les juges et geoliers, et sont les prisonniers longuement détenus en grande longueur, calamité et misère, dont advient que plusieurs meurent esdites prisons ou tombent en grandes maladies, et les prisons qui ont esté faictes pour la garde desdits prisonniers leur apportent plus grande peine qu'ils n'ont mérité s'ils estoient convaincus et condamnés des cas à eulx imposés. Et s'excusent souvent les geoliers sur ce que les prisons ne sont pas sûres et pour ceste cause leur mettent des fers aux pieds et aux mains dont plusieurs ont eu les bras et jambes gâtés, et souvent demeurent impotens desdits membres; et aulcuns mettent lesdits prisonniers dedans les caves et fosses en terre, chose inhumaine digne de grande commisération et pitié. » Puis il ordonna que des conseillers du parlement de Paris « allassent par païs pour visiter toutes et chascunes lesdites prisons et prisonniers détenus en icelles, appelés toutefois les juges et officiers royaux ou ceux des seigneurs haultz justiciers, » pour informer à cet égard.

Il ne parait pas que cette démarche ait produit un grand résultat, et les prisonniers furent aussi mal traités que par le passé. Deux siècles plus tard, la situation ne s'était guère améliorée puisque, en 1786, l'Intendant de la province écrivait au Contrôleur général au sujet de la prison de Reims qui pourtant était prison royale : « Je ne peux vous donner une juste idée de ce lieu d'horreur; tout y respire le désespoir et la mort. C'est plutôt un repaire de bêtes sauvages que l'habitation de gens de notre espèce.

Vous frémiriez en voyant tous ces malheureux entassés les uns sur les autres dans l'espace le plus circonscrit, ne voyant le jour qu'à travers un créneau fort étroit et dont l'air est encore intercepté par un grillage de fer. Non, vous ne permettrez pas que sous une administration telle que la vôtre, où l'humanité et la bienfaisance semblent être d'intelligence pour le soulagement des malheureux, les prisons de Reims subsistent plus longtemps dans l'état déplorable où elles sont aujourd'hui (1). »

La justice criminelle ne se borna point à juger des hommes, elle jugea aussi des bêtes. Dans son Histoire de Châlons (2), Barbat cite un jugement de 1547, rendu à Châlons contre un porc qui avait dévoré un enfant et qui fut condamné à être pendu un jour de marché. Nous voyons ailleurs en 1667 une ânesse condamnée à Vaudes et une truie à Fontvanne (3). D'où venait cette pratique?

On en trouve trace dans les Établissements de 1270 où l'on peut lire le texte qui suit : « Si une beste tue quelqu'un, et que l'homme die elle n'est pas à moi et qu'il jure sur sein que elle n'est pas sienne et qu'il ne l'amena pas, ainsi *remaindroit à la justice la beste,* et il sera quitte. Et si il dit : elle est moie, je l'amené mais je ne savoie mie qu'elle eust tèle tèche, encore *remaindra la beste à justice,* et fera cil à qui la beste estoit le relief d'un homme qui est cent sols et onze deniers, et par itant sera quitte. Et se il estoit si faux que il dist que il scust la tèche de la beste, il en seroit pendu pour la recongnoissance. »

Le commentateur des Établissements dit à propos de

(1) Citation extraite de l'Inventaire des Archives départementales, par M. Pélicier, archiviste.
(2) Page 370.
(3) *Histoire de Champagne,* par M. M. Poinsignon. 3e volume, page 165.

cette expression : « *remaindra* (restera) *la beste à justice* » qu'en quelques lieux on l'exécutait, et que Guy-Pape dit avoir vu en Bourgogne un cochon pendu pour avoir tué un enfant.

Il n'est point de contrée en France où l'on ne cite un cochon pendu et un âne brûlé vif pour avoir bu l'eau d'un bénitier. La justice criminelle ne se contenta pas d'être barbare, elle voulut être absurde.

Le Bourreau

CHAPITRE III.

LE BOURREAU.

Depuis une époque très-reculée jusqu'en 1639, date de l'établissement d'un bailliage présidial à Châlons, l'exécuteur de la haute justice fut institué, logé, nourri et payé par le Vidame de Châlons. On lit en effet dans l'acte de vente du vidamé par Jean de Bazoches, du 10 juin 1395 : « ..... Item, doibt ledit Vidame livrer un maistre appellé *bourel*, résidant audit Chaalons, auquel est deu chascune sepmaine deux solz par ledit Vidame, et luy doibt icelluy Vidame livrer maison pour demeure, le pot et la poêle, avec aultres droitz que ledit bourel a et prend en ladite ville de Chaalons sur aucuns qui vendent denrées.

« Item, doibt ledit Vidame donner à mangier audit bourel toutes fois que icelluy Vidame est résidant audit Chaalons; et avec ce est deu audit bourel par ledit Vidame, touttes et quantes fois que icelluy bourel fait exécution d'aucuns malfaicteurs, deux solz. »

Aucun document ne nous renseigne sur la nature et l'importance du droit de perception, dont il est question ci-dessus, qu'avait le bourreau sur certaines denrées; il est probable que, comme en d'autres villes, c'était un droit dit *de havage,* consistant en une cuillerée de grain prélevée dans chaque sac exposé en vente les jours de marché. Ce prélèvement n'était sans doute pas alors considérable, car, en 1470 et 1472, l'exécuteur chercha à l'augmenter sans y avoir été autorisé, ce qui donna lieu à des plaintes (1). L'un d'eux tenta même, en 1553, de lever un havage sur toutes les denrées apportées au marché, à l'exemple des exécuteurs des justices royales, mais il en fut empêché par le Conseil de ville et menacé de prison en cas de récidive (2).

Il avait encore d'autres profits. Chargé de l'exécution des sentences criminelles des justices de la ville autres que celles de l'évêque, il recevait pour cela une rétribution, le cas échéant. De 1543 à 1639 il fut également chargé de l'exécution des sentences prononcées par le siége de Vermandois établi à Châlons, par la prévôté de Compertrix, le prévôt des maréchaux et par la Chambre du Parlement qui siégea à Châlons de 1589 à 1591, il en était payé par le bureau des finances.

(1) « Du mercredi 5 novembre 1470. — Sur ce que l'exécuteur de la haulte justice prend et exige plusieurs choses par la ville qu'il ne doit point prendre et dont plusieurs se dolent et plaignent : Conclud que l'on remonstrera à M. le Vidame qu'il ne fasse lever à l'exécuteur autre chose sinon ce qui est contenu ès dénombremens et advouez par lui fais et baillez à Mons' de Chaalons. » (3º Registre du Conseil de ville, fº 178.)

« Du lundi 10 mai 1472. — Sur ce que l'exécuteur de la haulte justice exige et prent plus grant droit qu'il n'a accoustumé, conclud qu'on sollicitera le procureur de Mons' de Chaalons de le faire cesser. » (Même source.)

(2) « Le bourreau qui se dict estre au prévost des Maréchaux faict plusieurs pilleries au marché le vendredi et samedi aux bonnes gens admenant bois et vivres. Faict défense de ne lever ne prendre aulcune chose, et s'il faict au contraire, sera mis en prison. » (Même source, 18 mai 1553.)

Il y a lieu de croire que selon l'usage établi dans la plupart des villes, les lépreux et les filles publiques lui payaient une redevance. Nous n'avons rien trouvé de positif à cet égard, sinon une mention établissant que les lépreux fréquentaient sa maison (1).

Il fut aussi chargé en 1473, époque où l'on fit certains préparatifs de défense en vue d'une guerre prochaine, de tuer tous les chiens de la ville moyennant une rétribution d'un denier ou d'un parisis par tête (2).

Enfin, selon les anciennes coutumes, il avait droit à une partie de la dépouille des condamnés au gibet. Le seigneur justicier avait le chaperon, le surcot et tout ce qui était au-dessus de la ceinture, ce qui était au-dessous appartenait au bourreau.

Telle fut la situation de l'exécuteur de Châlons jusqu'en 1610, époque où il cessa d'être institué par le Vidame. Il reçut alors des lettres de provision royales. Ces lettres, dont nous avons trouvé quelques copies dans les archives judiciaires du temps (3), ne diffèrent en rien, dans leur rédaction, de celles qui étaient données à tous autres officiers de justice : magistrats, greffiers, sergents, etc. Il y

(1) « Du vendredi 16 avril 1490. — A esté mis en termes : que plusieurs ladres fréquentent fort par ceste ville, et y en a aucuns qui sont coustumiers de les recepter, mesme le Maistre des haultes-œuvres, qui est chose fort dangereuse pour le temps d'esté et pour le mois de mai qui approche, et est de nécessité d'y mettre ordre. » (Conseil de ville, f° 113.)

(2) Dernier jour de septembre 1473. « Il est conclud que le maistre de la haulte justice aura la charge de tuer tous les chiens qu'il trouvera parmi la ville, à qui qu'ilz soient; et pour ce faire aura de chascun auquel sont lesdis chiens, ung denier ou ung parisis; mais il sera tenu de enterrer lesdis chiens tuez ou les mettre en telz lieux qu'ilz ne puissent causer infections. » (Conseil de ville.)

(3) Archives départementales, série B. Registre intitulé : Édits, déclarations, arrêts, contenant enregistrement des lettres de provision et de rémission.

est dit simplement que «.... sur le bon rapport qui nous
a été fait de la personne de X..., de ses sens, capacité,
expérience et prudhommie, nous lui avons octroyé et oc-
troyons par ces présentes l'office d'exécuteur des sentences
criminelles du bailliage et siége présidial de Chaalons,
pour ledit office tenir et exercer aux droits de havage ès
foires et marchés, deniers, fruits, profits et revenus, ainsi
qu'en jouissent les pourvus de semblables offices. » Ces
lettres étaient scellées par la Chancellerie (1).

Le bourreau de Châlons cessa donc de percevoir toutes
les menues redevances établies par la coutume du moyen
âge et n'eut plus, pour tout émolument, que les produits
du havage qui étaient ainsi fixés :

« Percevra de toutes personnes amenant denrées et
marchandises audit Chaalons, les jours de foire ou marché,
le droit de havage ainsi qu'il s'ensuit, scavoir :

« De tous grains, de deux sacqs, plein sa cuillière de
grain tenant un vaisselet mesure de Chaalons (2);

« De chaque personne portant à col : beurre, fromage,
œufs, fruits, oignons, fil, filace, poulaille et autres denrées,
deux deniers tournois;

« De chaque charge de cheval desdites marchandises,
six deniers;

« Pour chaque collée de fruits, un sol; pour chaque
collée de navets, un sol; pour une charrette chargée de
fruits, deux sols six deniers; pour une charrette chargée

(1) « En France, cet emploi passe pour le plus infâme de tous. C'est pour
cette raison qu'il n'est pas permis au bourreau de demeurer dans l'enceinte de Paris
a moins que ce ne soit dans la maison du pilori où son logement lui est donné
par ses provisions. C'est aussi pour cette raison que quand les chauffe-cire de
la grande Chancellerie ont scellé ses lettres, ils les jettent sous la table pour
marquer l'infamie d'un tel emploi. » (DE FERRIÈRE, *Dictionnaire de droit*, 1762.)

(2) Un vaisselet formait la 8ᵉ partie du boisseau.

de fagots ou bûches, un sol, un fagot ou une bûche au choix du paysan; pour un char de fagots ou bûches, deux sols ou deux bûches; pour une charrette chargée de foin ou paille, deux sols; pour chaque voiture de charbon, un sol; pour chaque charriot de charbon ou vanne, deux sols; pour chaque charrette de tuile ou ardoise, de long bois à brûler, cordes de tillot, planches, chanlattes, et autres marchandises de cette nature, un sol; par chaque char desdites marchandises, deux sols; pour chacune botte de chanvre ou botte de fil pesant quatre ou cinq livres, un sol; pour chaque petite botte, six deniers; et aux jours de foire le double lorsqu'il fait justice, et s'il ne le prend pas lorsqu'il fait justice, il le prend le marché suivant (1). »

Ces droits furent perçus par l'exécuteur jusqu'en 1768; mais à cette date le Conseil de ville voulant supprimer tous les droits dont étaient frappés les grains et les farines : octroi, minage et havage, qui avaient pour effet le renchérissement de ces denrées de première nécessité, obtint le 28 juin 1768 un arrêt du Conseil d'État qui les abolissait. Il fut accordé à l'exécuteur, en échange du havage, une somme de 500 livres par an à titre de gages, payable sur les deniers communs de la ville. Cette somme jugée insuffisante fut portée à 800 livres en 1770. Nous aurons à revenir sur cette affaire de la suppression du havage à la fin du présent chapitre.

A propos du havage, nous citerons une coutume peu connue; il était d'usage, lorsqu'un bourreau mourait laissant des enfants mineurs, que son successeur n'eût droit qu'à la moitié des produits de la havée, l'autre moitié appartenait aux mineurs du défunt qui en jouissaient jusqu'à

(1) Ce détail figure aux lettres de provision accordées à Simon Desmorets exécuteur de Châlons, le 30 juin 1730. (Archives nationales, V⁶ 549.)

leur majorité, à charge par eux, toutefois, de fournir une personne pour la cueillette et réception de ces produits. Cette particularité nous est révélée par un acte de tutelle du 25 novembre 1638, concernant les enfants de Pierre Levesque, exécuteur des sentences criminelles, décédé (1).

LISTE DES BOURREAUX DE CHALONS (2).

XIV° siècle. — Jean Chaillau. Nous trouvons ce nom dans un article de M. Menu, inséré dans le n° du 1er juillet 1868 du Journal de la Marne. Nous y lisons : « On conserve au musée du Louvre le sceau du bourreau de Châlons au XIV° siècle; il affecte la forme d'un écu arrondi; sur le champ on remarque une chaudière surmontée d'un râteau et la légende : *S. Henri Chaillau, l'escrimineur de Chaalons.* Le sceau a 0m 035 de diamètre. »

1535. — Guillaume Duvet, maître des hautes œuvres à Châlons. C'est un contrat du 21 avril 1535 qui nous révèle ce nom (3).

1589. — Jullien Gallier. Ce nom nous est connu par une ordonnance du Bureau des finances (4) prescrivant au receveur du Domaine de Vermandois de payer à Jullien Gallier, exécuteur des hautes œuvres à Châlons, la somme de dix-huit écus pour exécution par lui faite de sentences criminelles prononcées par la justice royale à Châlons. Cet exécuteur nous est également connu par les lettres de rémission qui lui furent accordées en 1590 pour homicide

(1) Acte passé par Rambourgt, notaire à Châlons.

(2) Quoiqu'ayant fait appel aux archives départementales et à celles de la Chancellerie pour établir cette liste, elle présente encore bien des lacunes; d'autres recherches permettront peut-être à nos successeurs de la compléter.

(3) « Fut présent Jehan de Noix, marchant demourant au ban Saint-Pierre de Chaalons, natif de Gaye, lequel recognnut debvoir à *Guillaume Duvet, maistre des haultes œuvres* demourant à Chaalons, ou au porteur, la somme de cent solz pour cause d'un cheval soubz poil blanc à luy vendu et délivré cejourd'huy par ledict créditeur, à payer assavoir 40 sols au jour Saint Jehan-Baptiste prochainement venant et les 60 solz au jour de feste Saint Remy d'octobre ensuyvant. Faict et passé à Chaalons le 21e jour d'apvril après Pasques l'an mil ve xxx et cinq. » (Acte passé par Vassé, notaire.)

(4) Registre des expéditions du bureau, 1589, f° 5. Archives départementales.

par lui commis. Nous en avons parlé dans le chapitre précédent. Les faits, brièvement relatés dans les lettres dont il s'agit, établissent que le bourreau portait l'épée pour sa défense personnelle, ce qui indique qu'il était quelquefois attaqué.

1623. — Louis Saffret, nous est connu par deux marchés passés les 10 et 18 juillet 1623 entre lui et les nommés Pierre Etienne, maître charpentier, et Gédéon Vatier, maître maçon à Châlons, pour la reconstruction de sa maison (1). Aurait été nommé exécuteur à Vitry vers 1629.

1630. — Séverin Saffret, fils du précédent, nous est connu par une requête présentée par lui pour être payé d'une somme de 18 livres par le commis à la recette du Vermandois, où il est qualifié d'exécuteur de la haute justice à Châlons (2).

1636. — Pierre Levesque, gendre de Séverin Saffret, ayant épousé Marguerite Saffret sa fille. Décédé en 1638 (3).

1638. — Louis Saffret, iie du nom (3).

168(?). — Jacques Jean. A résigné ses fonctions en 1688 en faveur du suivant. Son nom ne nous est connu que par les lettres de provision de son successeur. Paraît avoir été ensuite pourvu, lui ou l'un de ses fils portant le même nom, de l'office d'exécuteur à Vitry-le-François en 1693.

1688. — Jacques Michelin, mort en 1702. Ses lettres de provision, datées du 23 septembre 1688, sont insérées tout au long au registre du bailliage présidial (4).

1702. — Pierre Daniel. Lettres de provision du 28 mai 1702 insérées au même registre.

17.. — Nicolas Desmorets, mort le 11 juin 1730. (Paroisse Saint-Alpin.)

(1) Marchés passés devant Rambourgt, notaire à Châlons.

(2) Bureau des finances, registre aux expéditions, 28 juin 1630. (Archives départementales.)

(3) Ces deux noms nous sont donnés par un acte de tutelle des enfants mineurs de Pierre Levesque, du 25 novembre 1638. (Acte passé devant Rambourgt, notaire à Châlons.)

(4) Archives du bailliage présidial. Registre des Édits et Arrêts. (Série B. archives départementales.)

1730. — Simon Desmorets, fils du précédent, pourvu de l'office par lettres de provision du 30 juin 1730 (1).

1742. — Jean Desmorets, fils du précédent qui s'est volontairement démis de son office en sa faveur. Lettres de provision du 2 mars 1742 (2). A cédé par acte du 18 février 1773 son office à son neveu et filleul Jean-Baptiste Desmorets qui suit.

1773. — Jean-Baptiste Desmorets, neveu du précédent (3), décédé en 1780.

1780. — Jean-Simon Desmorets, frère du précédent; lettres de provision du 23 février 1780 (4). Était encore en fonctions en 1789, lors de la suppression de l'emploi. C'est le dernier bourreau de Châlons. Mort à Châlons le 19 pluviôse an VIII (5).

Dans le cours du XVIIIᵉ siècle, l'exécuteur de Châlons exerçait son office à Sainte-Ménehould, Suippes et Vertus. Il y percevait le havage.

En 1589, le bourreau Julien Gallier demeurait rue de la Porte-Murée, ainsi que le prouve un contrat d'acquisition du 8 mai 1589 que nous avons eu sous les yeux. Au dix-huitième siècle les Desmorets, depuis 1720 environ jusqu'en l'an VIII, habitèrent rue de l'Autre-Monde en une petite maison faisant le coin de cette rue et de la rue du Cheval. M. de Chevigny, curé de Saint-Alpin, établissant en 1754 le dénombrement de sa paroisse, indique l'emplacement de cette maison et l'appelle : *La maison du bourreau.* C'est là que mourut le dernier exécuteur des hautes œuvres de Châlons.

(1) Chancellerie. Archives nationales, Vᵗ 540.
(2) Idem.
(3) Était marié à Catherine Roch, fille du bourreau de Metz.
(4) Chancellerie. Archives nationales.
(5) Actes de l'état civil.

CHAUMONT (1).

1695. — Pierre Daucourt, exécuteur des hautes œuvres; lettres de provision du 3 juin 1695.

1732. — Jean Gueldre, pourvu de l'office par lettres du 29 juin 1732, en remplacement du précédent, décédé.

1760. — Henry Gueldre, succède à son père. Exerçait encore en 1775, lors de la suppression du havage dans cette ville.

CHATILLON-SUR-MARNE.

La ville de Châtillon avait un bailliage et un exécuteur. Nous ne connaissons le nom que de deux titulaires de l'office :

1770. — Simon Jean.

1780. — Simon-Hippolyte Desmorets, qui en 1788 fut pourvu de l'office d'exécuteur d'Épernay. Le bourreau de Châtillon faisait aussi les exécutions des justices de Dormans, Damery, Roucy, Logery et Villers-Agron.

Ses droits de havage avaient été fixés ainsi qu'il suit :

« Pour la ville de Châtillon et ressort, il percevra chaque jour de marché : une chopine de grains, mesure dudit Châtillon, de chaque sac de grains et graines de la contenance de six quartels et moitié de chaque sac de moindre quantité, à l'effet de quoi ladite chopine sera étalonnée.

« Six deniers sur chaque panier à bras d'œufs, beurre, oignons, fruits, pois verts, fèves vertes et autres légumes ou denrées, et deux sols pour chaque charge de cheval ou bourrique desdites denrées.

(1) Bien que dans le plan de cet ouvrage nous ayons voulu nous borner à la justice criminelle à Châlons, ayant au cours de nos recherches recueilli certains renseignements concernant les exécuteurs des hautes œuvres de quelques villes voisines, nous avons jugé bon de les consigner ici.

« Trois deniers sur chaque paire de poulets, chapons, poules, dindons et autres volailles.

« Un sol sur chaque bœuf, vache, porc de lait ou gras et autres animaux à pied fourchu.

« Cinq sols par voiture de chaux, faïence, poterie, palons, boîtes de sapin et autres marchandises, et deux sols par chaque charge de cheval ou bête asine.

« Deux sols sur chaque voiture de planches, sabots, paille et foin, et un sol par charge de cheval ou bourrique.

« Six deniers par chaque marchand de balais, chanvre et étoupes.

« Et deux sols par chaque marchand bijoutier, mercier, fripier, bonnetier, cordier et autres qui étalent boutique audit marché. »

Les jours de foire et d'exécution, il percevait le double des droits ci-dessus.

ÉPERNAY.

1629. — Claude Belleville.

17... — Simon Herbet.

1730. — Charles Jouanne, pourvu le 15 septembre de l'office vacant par la mort du précédent.

1736. — Martin Jean, 28 septembre. Emploi vacant par le décès du précédent.

1740. — Simon Jean, 29 juillet, office vacant par le décès de Martin Jean son père. S'est démis le 24 novembre 1752 en faveur du suivant.

1752. — François-Hippolyte Desmorets. S'est démis en 1788 en faveur du suivant.

1788. — Simon-Hippolyte Desmorets. Était dès l'an 1780 exécuteur à Châtillon-sur-Marne.

Jusqu'en 1772 le bourreau d'Épernay, qui exerçait aussi

son office à Ay et à Saint-Martin d'Ablois, ne percevait le havage dans ces deux localités que les jours de foire et d'exécution. Ayant obtenu, lors de la création d'un second marché chaque mardi à Épernay, l'autorisation de percevoir le havage dans cette ville ce jour-là, il jugea que cette autorisation s'appliquait à Ay et à Saint-Martin d'Ablois et voulut aussi y percevoir le havage. Il y eut opposition à ses prétentions et la cause fut portée devant le Conseil supérieur de Châlons qui lui donna tort, et décida qu'il n'aurait droit de percevoir le havage dans ces deux localités que les jours de foire et d'exécution comme par le passé (1).

LANGRES.

1717. — Remy Henry. Lettres de provision du 2 octobre. Percevait le havage.

1721. — Michel Henry. Lettres de provision du 20 juin. Office vacant par la mort de son père Remy Henry.

1729. — Robert Daucourt. Lettres de provision du 16 décembre. Office vacant par le décès du précédent.

1732. — Joseph Tixerand. Lettres de provision du 29 mai.

1757. — Claude Chrétien. Lettres de provision du 11 juin. Exerçait encore en 1775.

REIMS.

Nous ne possédons qu'une liste fort incomplète pour cette ville. Les archives criminelles des diverses juridictions de cette localité, que nous n'avons pas explorées, permettront sans doute de la compléter.

(1) On trouve ces renseignements dans les archives municipales de la ville d'Ay.

1684. — **Pierre Lormant.** Ce nom ne nous est connu que par le registre des décès de la paroisse Saint-Alpin. Cet exécuteur mourut à Châlons le 27 novembre 1684.

1721. — **Pierre Daniel.** Avait été exécuteur à Châlons depuis 1702.

1726. — **Charles-François Jouanne.** A obtenu le 22 août 1726 des lettres de provision qui lui confèrent l'office d'exécuteur à titre de survivance de Pierre Daniel son grand-père. Ne paraît pas avoir exercé l'emploi et avoir été nommé en 1730 exécuteur du bailliage d'Épernay.

1730. — **Louis-Adam Hébert,** exécuteur à Meaux. A obtenu le 1er mai 1738 des lettres de provision pour exercer à Reims en remplacement de Pierre Daniel qui s'est volontairement démis en sa faveur.

1756. — **Nicolas-Charles-Gabriel Sanson.** Lettres de provision du 27 août 1745 en remplacement de L.-A. Hébert, qui s'est volontairement démis en sa faveur. Exerçait encore en 1775.

177(?). — **Jean-Louis Sanson,** qui, croyons-nous, était encore en fonctions pendant la révolution. Après lui l'office fut confié aux Desmorets d'Épernay et de Vitry. En 1816, l'exécuteur en chef et ses deux aides étaient Desmorets-Capitaine, Desmorets-Doublot et Desmorets le jeune. Ce dernier, nommé exécuteur en chef en 1828, fut obligé à servir une pension viagère de 500 francs à Marie-Louise-Françoise Capitaine, veuve de Jean-Louis Desmorets ancien exécuteur. Elle vécut jusqu'au 17 février 1849. Par une de ces colossales antithèses qui se rencontrent quelquefois, elle avait fixé son domicile à Châlons et habitait rue du Châtelet, chez M. M...., maître de danse.

Le bourreau de Reims exécutait les sentences criminelles pour le Présidial, les bailliages de l'Archevêché, de Saint-Remy, du Chapitre et de la commission du Conseil pour les fermes du roi. Il exerçait également à Rethel, Château-Porcien, Ville-en-Tardenois, Fismes, Cormicy et autres villes du ressort. Les droits de havage qu'il percevait avaient été fixés par un règlement du 23 septembre 1717 et par un arrêt du 31 juillet 1773. Voici en quoi ils consistaient :

« Sur toutes sortes de grains, froment, seigle, avoine, orge, sarrazin, pois, fèves, lentilles, navettes, et sur les farines qui se vendent au marché, de chacun sac contenant deux setiers, par chacun jour de marché et tous les jours pendant les foires : une cuillerée desdites espèces contenant une pinte, mesure de la Vicomté de Reims, à râcle; et lorsque les sacs seront de moins de deux setiers, sera pris à proportion.

« Sur chaque char ou charriot chargé de beurre, œufs, fruits, volailles, moutons, porcs, veaux, navets, fil, chanvre, balais, sabots, patons, linge, toile, cloux, pommes, bottes, cuirs, poisson et autres : deux sols six deniers; de chaque bête de charge six deniers; de chaque charge à col ou à bras trois deniers. De même pour les char ou charriot, bête de charge ou porte col ou à bras, chargés de planches, chanlattes, ardoises, merrain, cerceaulx et osier.

« Sur les bouteilles, fayences, pots, poterie et verrerie, du char ou charriot 2 sols 6 deniers, de la charrette 1 sol 6 deniers, de la bête de charge 6 deniers, du porte col ou à bras 3 deniers, si mieux n'aime le voiturier donner une pièce de sa marchandise.

« De chaque sac de noix, noisettes, châtaignes, lorsque le droit n'a pas été payé par voiture : 6 deniers, et moitié si le sac n'est pas plein.

« De chaque vache, porc ou veau exposé au champ de foire : un sol.

« Lors des foires, par chaque boutique de marchand étranger cinq sols. De ceux qui étalent sur bancs ou tables 2 sols. De ceux qui vendent linge fait; fil et chanvre un sol six deniers. De chaque quartier de lard 6 deniers. Par troupeau de poulets d'inde 3 sols. Par pièce de toile un sol.

« Autorisé à percevoir le double de ces droits au marché qui suivra les jours où il y aura eu exécution et autant de fois le double qu'il y aura eu de condamnés. »

L'exécuteur percevait les mêmes droits à Rethel, Château-Porcien, Ville-en-Tardenois, Fismes, Cormicy et autres villes du ressort les jours de foires et marchés, mais l'arrêt de 1773 ne l'autorisa plus à percevoir dans ces localités que les jours d'exécution.

Cette perception constituait un revenu assez élevé. Gabriel Sanson, l'un des exécuteurs, l'évaluait en 1775 à 5,000 livres par an.

SAINT-AMAND.

Saint-Amand, village de 1,100 habitants, n'avait qu'une justice seigneuriale exercée par un mayeur sous l'autorité du Chapitre de Saint-Étienne de Châlons, possesseur du fief; il n'y avait pas d'exécuteur. Mais le Chapitre avait d'ancienneté prévu le cas où il y aurait lieu soit de tenir en prison, soit d'exécuter quelque malfaiteur, et il avait imposé cette charge aux habitants d'une rue du village qui, sous forme de redevance, devaient cette corvée à la justice du lieu.

On lit dans une déclaration de biens de 1472 (1) cette mention assez curieuse :

« Item, depuis la maison Mignot jusques au siége du moulin Mignot, les héritaiges sont des cens appellez d'ancienneté les cens Rais, qui sont de telle nature que tous

(1) Archives du Chapitre. Armoire 2ᵉ, liasse 4, nᵉ 2. (Archives départementales.)

ceux qui tiennent lesdis héritaiges sont tenus de garder les prisonniers qui sont prins audit Saint-Amand, et se aucuns criminelz estoient condempnez à exécuter et s'ilz ne vouloient monter hault sus l'eschielle, iceulx tenans héritaiges esdits cens Rais sont tenus de tirer hault à cordes lesditz condempnez. »

TROYES.

1432. — Mᵉ Guillaume. Ce nom nous est fourni par une délibération du jeudi 4 septembre 1432 dans laquelle il est dit que « maistre Guillaume, exécuteur de la haulte justice, sera chargé de tuer tous les chiens de la ville et que pour chascun chien tué et mis hors la ville, il lui sera payé cinq deniers tournois (1). »

1536. — Vincent Ripponeau et Jehan Mignot dit maître Michau. Nous trouvons ces deux noms dans une sentence rendue en 1536 au sujet d'un différend survenu entre les habitants de Troyes et l'exécuteur.

(Lacune de près de deux siècles.)

172(?). — Nicolas Lerné, nommé dans les lettres de provision de son successeur. Est décédé en 1729.

1729. —- Antoine Doublot. Lettres de provision du 19 août. Office vacant par le décès de Nicolas Lerné.

1736. — Hubert Doublot. Lettres de provision du 11 mai. Office vacant par la mort d'Antoine Doublot, son père.

1750. — Jean Doublot. Nommé en survivance de son père. Lettres du 23 septembre 1750.

1761. — François Blondeau, en remplacement de Jean Doublot qui s'est volontairement démis en sa faveur. Lettres du 17 avril.

1770. — Jean-Baptiste Doublot, en remplacement du précédent qui s'est démis en sa faveur.

(1) Ancien registre des conclusions du Conseil de la ville de Troyes, publié par Alp. Roserot, p. 202.

1788. — Louis-Michel Olivier. Office vacant par le décès de
J.-B. Doublot (1).

Le bourreau de Troyes percevait le havage. En 1536,
il s'éleva entre lui et les habitants certaines contestations
relatives à la perception de ce droit, et le bailliage rendit,
le 1er juillet de cette même année, une sentence prescrivant
de régler les droits de havage sur ceux du bourreau de
Paris et d'en dresser un tableau qui serait affiché aux
principales portes de la ville.

Ce document ancien est assez curieux pour être repro-
duit en son entier. En voici la teneur :

« A tous ceux qui ces présentes lettres verront, Noël Coiffart,
conseiller du roy nostre Sire, lieutenant général au bailliage de
Troyes, Salut.

« SCAVOIR FAISONS, que comparant personnellement par devant
nous : Noble homme Michel Drouot, marchant et bourgeois de
Troyes, maire ; François Chapellain, eschevin de la ville dudict
Troyes, accompagnez de Nicolas de Sainct-Aubin, procureur des
manans et habitans de ladicte ville, d'une part ;

« Et Vincent Ripponeau, exécuteur de la haulte justice en la
ville, bailliage et prévosté de Troyes, d'aultre part ;

« Disans lesdictes parties que procès s'estant meu entre le procureur du roy audict Troyes, lesdictz maire et eschevins joints
avec luy contre ledict Ripponeau, pour raison de plusieurs droitz
excessifs que ledict Ripponeau levoit et s'efforçoit lever chascun
terme en ladicte ville de Troyes, contre et au préjudice du bien
public, soubz ombre de sondict office de exécuteur et sans tiltre,
pour raison de quoy auroient requis lesdictz procureur du Roy,
maire et eschevins, que deffenses luy feussent faictes de n'en plus
prandre ny exiger.

« Lequel Ripponeau auroit dict que, à cause de sondict office,
luy appartenoient plusieurs droitz desquelz la déclaration s'en-
suict, Assavoir :

« Pour exécuter une personne au dernier supplice luy estoit

(1) Toutes les indications ci-dessus de 172(?) à 1788 sont extraites des archives de la Chancellerie. (Archives nationales, V6 540.)

leu la somme de cinq solz tournois et deux solz six deniers tournois pour donner le son, sur quoy ledict exécuteur paye le
cordage;

« Et si luy estoit deu par le recepveur ordinaire pour son habitation et demorance 30 solz tournois.

« Item, estoit deu audict exécuteur au marché du bled pour
haseun marchant de bled qui vient à harnois hors la banlieue, et
pour chascun char ou charrette, une pochée de bled qui tient une
pinte ou environ, en ce non comprins les prestres et gentilzhommes.

« Item, de chascun char de bois une buche, ne pire ne meil-
leure, et des charrettes ung petit tison.

« Item, des fagots qui sont environ de la valleur d'ung denier
es deux, en est deu ung audict exécuteur.

« Item, tous ceulx qui viennent de hors la banlieue, qui ne sont
prestres ne gentilzhommes, doibvent audict exécuteur pois, febves
et œufs, de chascun panier ou coffinet ung œuf, et de chascun
panier de fromages ung denier et aultant d'une hotte; de chascune
charrette de fromages, d'œufs ou de fruitz, un liart, et deux liarts
du char, et de chascun cheval chargé de deux billotz ung liart.

« Item, de chascune charrette ou char de pelles de bois et de
botz de fer ung liart.

« Item, de chascune charrette de potz de terre deux deniers, et
quatre deniers pour le char.

« Item, de chascune charrette de paille ung gluz (1), et aultant
du char.

« Item, de chascun vendeur de ballais, ung ballai.

« Item, ceulx de la banlieue ne doibvent rien de leurs œufs ne
de leurs fromages ne de bledz qu'ilz vendent en ladicte ville,
sinon ung œuf à Pasques; et des cortillages (2), pois et febves, et
du beurre qu'ilz apportent en leurs paniers, duquel beurre est deu
par chascun vendeur : une bille pareille comme ilz la vendent, et
de leurs fruitz une poignée tant seullement de chascun vendeur
comme dict est.

« Item, ceulx de la ville ne doibvent rien sinon les patentes,
qui sont tous les sabmediz de caresme establiz tant aux Changes

____

(1) Botte de paille de seigle pour couvrir en chaume. On dit aujourd'hui : gluis.
(2) Légumes, de courtil, jardin.

7

que au marché vers Nostre-Dame, qui doibvent chascun maille d'eschaudez et le jour de l'an aultant.

« Item, cedict jour, les revendeurs aux Changes et près Nostre-Dame doibvent leurs estrennes en fruitz à leur discrétion.

« Item, filles joyeuses, lubriques, usant de leurs droitz, doibvent audict exécuteur la somme de cinq solz tournois pour une fois seulement, et autant pour les ladres qui se pourchassent à ladicte ville, qui se nomme leur bienvenue; et doibvent lesdis ladres aux quatre bons jours de l'an, un liart audict exécuteur.

« Item, les herbes des fossez de l'aultre costé de la muraille appartiennent audict exécuteur, et y peult prendre les bestes qui sont dommageables aux fossés et en advertir le maire et eschevins.

« Desquelz droitz ledict Ripponeau disoit avoir joy de tout temps' immémorial et ce tant par luy que par ses prédécesseurs ayant exercé ledict office.

« A quoy par lesdictz maire et eschevin avoit esté dict que de tout temps et ancienneté y eut audict Troyes un seul exécuteur de la haulte justice ou bourreau, lequel avoit accoustumé soy contenter des dons et proffitz que gracieusement et libéralement on lui donnoit, tellement que luy, sa femme et un sien serviteur en auroient toujours esté bien norriz et substantez, sans faire aucunes exactions ne contrainctes sur le peuple; Et de présent, combien qu'il n'y ayt pas grandes exécutions à faire en ladicte ville que ung seul ne feust bien à son aise, néantmoins ilz se mettent maintenant deux exécuteurs principaulx, assavoir ledict Ripponeau et ung appelé Jehan Mignot, aultrement maistre Michau, qui ont cinq ou six valletz, serviteurs ou aydes, et sont en nombre huict ou neuf qui veullent user dudict office haultement, et se tiennent ès portes de ladicte ville et marchez publiques, et n'y a bois, fagots, œufs, fromages, beurres et aultres vivres et provisions que l'on admène en ladicte ville qui ne soient par eulx gabellez; et encor le plus souvent leurs compaignons ou aydes les secondent ès marchez et rues dudict Troyes, et pour ce qu'ils n'ont point de quittances, et n'y a beurre, fromage, fruitz ne aultres choses qui ne soient souillez de leurs mains, et combien qu'ilz n'ayent aulcun droit de ce faire, vérifié par tiltre ou aultrement, néantmoins soubz ombre desdictz dons gratuitz ilz en veullent maintenant faire gabelle et le tirer à conséquence selon les quottes et articles par

culx baillez par escript et contenus en ladite responce ou deffense ;
qui seroit impost à ladicte ville, une merveilleuse servitude et
exaction ou pillerie sur le peuple, moult dommageable et préjudi-
ciable au bien publique qui ne doibt estre tolléré, car ladicte
exaction du bled qu'ilz veullent lever et exiger monteroit à plus
de cent septiers de bled par an, le bois à plus de cinquante cordes
par an, item les fagots et aultres choses en leur regard, et monteroit ladicte exaction desdictz droitz par an à plus de 600 livres
tournois : *quod non est ferendum.* Et n'y a aucune possession
juridique de la part du défendeur, mais seulement pillerie, mal-
versation et abbuz.

« Pour ceste cause s'estoient lesdictz maire et eschevin de ladite
ville de Troyes, pour la conservation de la liberté et franchise de
ladicte ville et bien publique, jointz avec le procureur du roy à
empêcher la levée et exaction desditz droitz ainsi qu'ilz sont contenus en ladicte deffense, consentant néantmoins que ledict exécuteur de haulte justice pût lever, avoir et prendre audict Troyes
son droict selon l'ordonnance faicte par le Roy touchant l'exécuteur
de Paris (1). »

La suite du jugement décide que l'exécuteur ne jouira
plus des herbes des fossés de la ville qu'il n'avait que par
tolérance, et que ses droits fixés à nouveau seront écrits en
une pancarte ou tableau qui sera affiché aux quatre portes
de la ville de Troyes.

Ce tableau fut fait et l'on y voit que la quantité de blé
que l'exécuteur pouvait prélever par chaque setier fut ré-
duite à une chopine au lieu d'une pinte. Une bûche de bois
seulement sur chaque char de bois à quatre roues et cela
depuis Pâques jusqu'à la Saint-Remy seulement. Les
autres droits réduits à proportion ; tous gens de Troyes et
des villages environnants en étant exempts ; mais on lui
maintint ses étrennes en fruits, ses échaudés chaque

(1) Parchemin daté du 1er juillet 1536. Bibliothèque de Troyes, manuscrits,
n° 2212.

samedi de carême, ses œufs à Pâques et la somme que lui devaient les filles et les lépreux (1).

VITRY-LE-FRANÇOIS.

1627. — **Louis Saffret,** avait été précédemment exécuteur à Châlons.

1638. — **Jean Saffret,** fils du précédent.

168(?). — **Jean-Baptiste Barré.** Ne nous est connu que par les lettres de provision de son successeur.

1693. — **Jacques Jean.** Nommé en remplacement du précédent qui s'est volontairement démis en sa faveur. Lettres de provision du 29 mai 1693. Percevait le havage.

1725. — **Martin Jean.** Pourvu de l'emploi le 16 septembre 1725 par suite du décès de son père Jacques Jean.

1734. — **Louis Guitton,** nommé le 9 septembre 1734 en remplacement du précédent.

1744. — **Jean-Pierre-Henry Dillemberger,** emploi vacant par le décès du précédent.

1745. — **Nicolas Delimbourg,** décédé dans la même année.

1747. — **Jean-Baptiste Desmorets,** en remplacement de Nicolas Delimbourg, décédé. Dans la requête par lui présentée au bailliage de Vitry pour obtenir l'emploi, il se dit fils de Nicolas Desmorets, exécuteur des sentences criminelles de Laon.

1774. — **Jean-Baptiste Desmorets,** pourvu de l'emploi en remplacement de son père décédé.

Le bourreau de Vitry exerçait aussi à Saint-Dizier, Heiltz-le-Maurupt et Charmont, où il percevait le havage les jours de foire et d'exécution. Il était autorisé à porter des armes offensives et défensives pour la sûreté de sa

---

(1) Ce tableau imprimé in-plano existe à la bibliothèque de Troyes. Collection Sémillard. — Nous devons la communication de ces deux pièces à l'obligeance de M. Arsène Thévenot, homme de lettres à Troyes.

personne, les gens de la contrée l'accueillant souvent à coups de pierres.

SÉZANNE.

Il n'y avait pas d'exécuteur en titre près du bailliage de Sézanne. On faisait venir celui de Provins lorsqu'il y avait lieu.

Il y percevait le havage les jours d'exécution et il lui était payé en outre :

Pour rouer un condamné................. 75 livres.

Pour pendre.......................... 45 —

Pour marquer un criminel.............. 30 —

Pour mettre au carcan................. 15 —

Pour mettre un tableau au poteau pour un condamné par contumace................. 15 —

S'il venait exprès à Sézanne pour mettre au carcan ou pour poser un tableau, il lui était payé trente livres.

SUPPRESSION DU HAVAGE.

Dès l'an 1768, comme nous l'avons dit plus haut, le Conseil de ville de Châlons, dans le but d'exonérer les denrées alimentaires des impôts qui en augmentaient le prix, décida la suppression des droits d'octroi et de minage qui se percevaient sur les grains et les farines et supprima également le prélèvement exercé d'ancienneté par l'exécuteur sur toutes les denrées ; le Conseil d'État sanctionna cette décision par un arrêt du 28 juin 1768. Il fut accordé à l'exécuteur, en remplacement des profits du havage, une somme annuelle de 500 livres, portée à 800 livres en 1770, payable sur les deniers communs de la ville. Troyes fit une demande semblable, mais en 1775 seulement.

Cette mesure ne tarda pas à se généraliser. Turgot obtint le 3 juin 1775 un arrêt du Conseil d'État qui supprimait partout les droits d'octroi sur les grains et les farines et défendait aux exécuteurs de la haute justice « d'exiger aucune rétribution soit en nature soit en argent sur ces denrées comme ils l'avaient fait jusque-là, sauf à eux à se pourvoir pour faire statuer sur le paiement de leurs salaires selon le mode qui serait jugé le plus convenable. »

Le ministre, en notifiant cet arrêt à toutes les provinces, prescrivait par lettre du 27 juin aux Intendants de faire payer, à partir du 1er octobre 1775, des secours provisoires aux exécuteurs par mandats émis sur le Domaine; il disait en terminant : « Par cet arrangement, on pourra supprimer à perpétuité les droits qui étaient perçus sur les marchés et qui pourraient exciter, surtout dans les temps de cherté, une fermentation dangereuse fondée sur la répugnance du peuple à voir le bourreau renchérir sa subsistance. »

Une lettre du 16 novembre 1775 fixait les indemnités à payer annuellement aux exécuteurs à 800 livres pour Châlons et Épernay, à 1,000 livres pour Vitry et Langres, à 1,200 livres pour Chaumont, et à 1,500 livres pour Troyes et Reims, et cela jusqu'à ce qu'il ait été statué sur certaines suppressions d'offices proposées.

Bien que ces fixations ne fussent pas définitives, elles causèrent un grand émoi parmi les exécuteurs de la province. Par voie de requête ils exposèrent que la somme qu'on leur accordait était loin d'égaler les profits du havage qu'ils avaient perçus jusque-là. Celui de Reims en estimait

la valeur à 5,000 livres par an et demandait une somme
équivalente; celui d'Épernay évaluait son revenu à 2,400
livres, celui de Vitry à 1,400 livres, celui de Châlons à
3,000 livres. Le bourreau de Reims, Charles-Gabriel Sanson, qui se trouvait le plus atteint par la mesure prise, se
montra le plus pressant dans ses réclamations. En 1776, il
demandait que, outre l'indemnité de 1,500 livres, il lui fût
fait application, pour les exécutions, de certain tarif arrêté
en Conseil un siècle auparavant (10 septembre 1686), nous
ne savons à quelle occasion, fixant les sommes à payer aux
exécuteurs de province pour les exécutions qu'ils feraient
sur place. Voici quelles étaient ces fixations :

Pour brûler vif un condamné............ 10 livres.
Pour le bois, pour un ou deux condamnés. 10 —
Pour rompre sur la roue un condamné.... 15 —
Pour l'échafaud et la roue............... 15 —
Pour trancher la tête................... 15 —
Pour pendre un condamné.............. 10 —
Pour le poteau et l'échelle.............. 4 —
Pour flétrir........................... 6 —
Pour fustiger et flétrir................. 7ˡ 10ˢ
Pour fustiger seulement................ 5 livres.
Pour amende honorable................ 4 —
Pour la torche de deux livres de cire...... 2 —
Pour toutes les exécutions en effigie, soit
qu'il y ait un ou plusieurs condamnés....... 5 —
Pour le tableau...................... 4 —
Pour mettre au carcan................. 5 —
Pour traîner sur la claie, jeter à la voirie,
avec le louage du cheval et de la charrette... 6 —
Pour appliquer la question ordinaire ou
extraordinaire .... 5 —

Dans le cas où il y avait deux ou trois exécutions, le salaire était augmenté de moitié pour chaque condamné.

Le bourreau de Reims était chargé de l'exécution des sentences criminelles de toutes les juridictions de la ville et des justices de plusieurs villes importantes du ressort, il est donc évident que l'application de ce tarif lui eût valu une somme importante. Aussi faisait-il appuyer sa requête en haut lieu. Par une lettre du 6 mai 1776, M. Mauvallé, avocat au Conseil, la recommandait en ces termes à l'Intendant de la province : « La justice de cette demande et les visites beaucoup trop réitérées que je reçois de la famille de Sanson, qui exerce sa brillante profession dans notre capitale, me déterminent à vous prier de satisfaire promptement à cette affaire. »

Une enquête fut prescrite au sujet de toutes ces demandes. En 1783 elle n'avait pas encore abouti. Aussi les exécuteurs, auxquels il n'avait pas été donné satisfaction et qui depuis huit années ne recevaient autre chose que les sommes fixées par le tarif provisoire, multipliaient-ils leurs réclamations, demandant avec instance une augmentation, ou, à défaut, le rétablissement des droits de havage qu'ils percevaient auparavant.

L'état de la question se trouve résumé d'une façon intéressante dans une lettre du 12 janvier 1783, où Me Joly de Fleury, procureur général de la Chambre du Conseil, écrit ce qui suit : « Parmi les exécuteurs qui existent en Champagne, il n'en est pas un qui ne désire ardemment le rétablissement des droits de havage ou qui ne demande une augmentation proportionnée au sort dont ils jouissaient avant leur suppression. Je ne crois pas devoir insister sur les inconvénients qui résulteraient du rétablissement de ces droits. On se plaint du reste que ceux qui les perçoivent leur donnent abusivement une extension qui a pour effet de produire des querelles et des voies de fait. L'on ne saurait disconvenir aussi qu'ils ne soient très-préjudiciables au bien du commerce en ce qu'ils nuisent à l'abondance dans les foires et marchés. La seule apparition de l'exécuteur fait fuir les gens de campagne et avec eux toutes les denrées qu'ils y apportent pour être vendues. Si quelques-uns sont plus raisonnables, ils souffrent impatiemment que cet exécuteur, pour se reconnaître dans la perception de son droit, désigne ceux qui ont payé en leur imprimant avec de la craie jaune une croix sur l'estomac. Il n'en est aucun parmi eux qui ne soit prêt à faire tous les sacrifices pour se réduire d'une pareille servitude. » Enfin il conseillait de réduire à quatre les exécuteurs de la province, un à Châlons, Reims, Troyes et Langres.

Ces demandes et ces propositions ne reçurent jamais de solution, les choses restèrent en l'état jusqu'à la Révolution. Il n'y eut plus alors qu'un seul tribunal criminel et un seul exécuteur par département.

TABLE DES MATIÈRES.

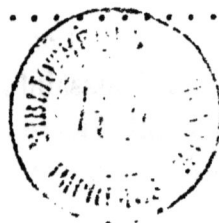

———

Châlons-sur-Marne, imprimerie F. THOUILLE.

31

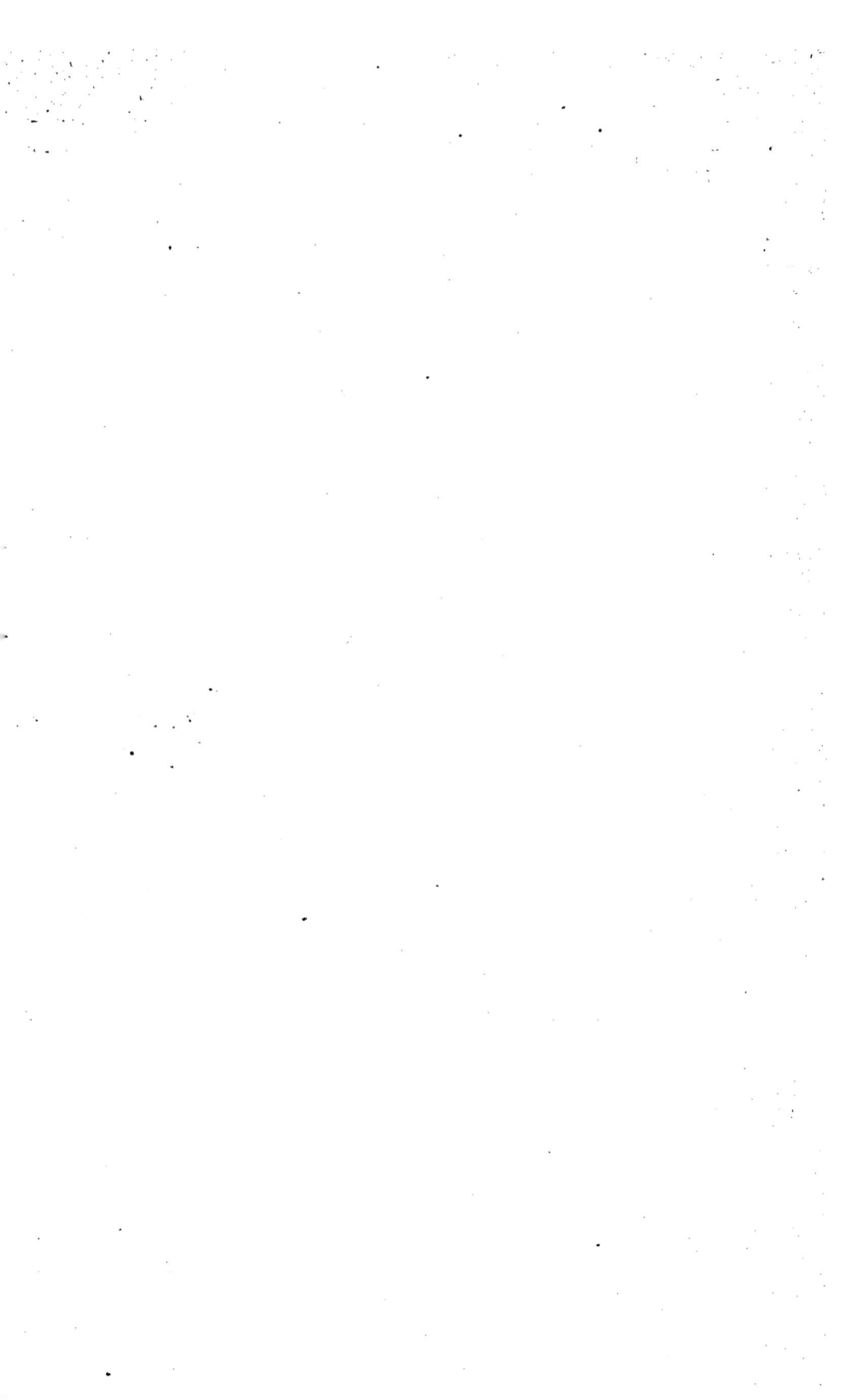

www.ingramcontent.com/pod-product-compliance
Lightning Source LLC
Chambersburg PA
CBHW052118090426
42741CB00009B/1863